Hannelore Fröhlich
Spurensuche

Dieses Buch ist ein Dank an das Leben und an alle Menschen, denen ich begegnen durfte und die mich lehrten, die Freude dem Schmerz vorzuziehen und die Liebe zu leben.

Hannelore Fröhlich

Spurensuche

Mit einem Nachwort von Walter Brunner

Steirische Verlagsgesellschaft

Die Deutsche Bibliothek – CIP-Einheitsaufnahme

Fröhlich, Hannelore:
Spurensuche / Hannelore Fröhlich. – Graz Steirische Verl.-Ges., 1999
ISBN 3-85489-023-0

SV

Umschlaggestaltung: W & W Graphik u. Design
Druck: Druckerei Theiss GmbH, A-9400 Wolfsberg
Gesamtherstellung:
Steirische Verlagsgesellschaft m. b. H.

ISBN 3-85489-023-0

Samstag, Ende Mai 1998

Es ist Wirklichkeit geworden, einen Sommer lang werde ich nun in Griechenland auf der Insel Paros verbringen, fast im Zentrum der Kykladen zwischen Naxos und Sifnos, um all die Erlebnisse und Erinnerungen der letzten Wochen und Monate niederzuschreiben. Einige Aufenthalte auf Paros, dieser Insel des Lichtes mit einer langen, traditionsreichen Geschichte, haben in mir den Wunsch entstehen lassen, hier zu schreiben und zu malen. Vor vielen Jahren habe ich an diesem Ort zu malen begonnen, und seither bin ich an meinen freien Tagen und auch im Urlaub restlos mit dieser Beschäftigung ausgefüllt. Ein paar kunstverständige Freunde haben immer wieder meine Arbeiten gelobt und dadurch meinen Ehrgeiz geweckt, Malen nicht nur als Ausdruck meiner Gefühle zu sehen und mit Farben neue Welten zu erschaffen, sondern auch damit an die Öffentlichkeit zu gehen. So sind schon einige recht erfolgreiche Ausstellungen entstanden.

Einige Tage bin ich nun schon hier, um mich einzugewöhnen und nach einem Appartement zu suchen, von wo aus ich das Meer sehen, Licht und Farbe schauen, Leben spüren, alle meine Sinne empfinden, in mich hineinhorchen und Bilder entstehen lassen kann und vor allem um Zeit zu haben, meine begreifenden Gedanken niederzuschreiben und mir schwerelose Gefühle bei der Begegnung mit mir selbst zu erlauben, aber auch um das griechische Alltagsleben, die rhythmische Musik gleichsam einzuatmen und die Gelassenheit und Ruhe seiner Einwohner mitzuerleben.

Ich bin mit dem Auto angereist, wobei ich in Triest auf die große Fähre nach Patras auffuhr. Zweimal begleiteten Delphine die Fähre, ich betrachtete es als Einstiegsgeschenk für einen kreativen Sommer. Anschließend wurde auch die Autofahrt nach Patras und Piräus zum Erlebnis: entlang des blauen Meeres unter strahlend hellem Sonnenschein; blühender Oleander, Pinien und knorrige alte Olivenbäume säumten den Weg. Ich reise gerne mit dem Auto, denn es bietet viele Annehmlichkeiten, vor allem die Gepäcksfrage löst sich von selbst: Malzeug, Computer mit Drucker, genügend Papier und die „Kleinigkeiten", die eine Frau für ein halbes Jahr benötigt, haben bequem im Kofferraum Platz. Diese Kleinigkeiten bescheren mir bei Flugreisen immer wieder Übergepäck. Es ist mir ein Rätsel, wie andere Menschen es schaffen, mit einer kleinen Tasche zu reisen. Für eine Ausbildung im Fach Gepäckreduzierung wäre ich dankbar.

Es ist sieben Uhr morgens, der Himmel ist noch durchsichtig zart, seine tiefe blaue Farbe läßt sich erahnen, die Sonne hängt schräg über dem Wasser und malt mit ihrem gleißenden Licht ein breites Lichtband aufs Meer. Seit ich hier bin, wandere ich täglich zu „meiner Bucht". Die Geräusche des beginnenden Tages, das so typische, ein wenig heisere Bellen der Hunde, das Krähen der Hähne, das Summen der Insekten auf dem Weizenfeld, der Wind, der böenartig über die Küste fegt, sind eine vertraute Begleitung auf meiner Wanderung. Eine Schafherde weidet am Rain. Emsige Ameisen kreuzen meinen Weg, ihre Straßen sind bewegte dunkle Streifen am trockenen Boden.

Es ist Mitte Mai, bald wird das Getreide geschnitten. Die Zeit der wogenden, goldenen Felder ist kurz. Mohnblumen säumen in glühendem Rot den Weg, dazwischen leuchtet das Gelb des Ginsters, kontrastierend dazu samtet das dunkle Oliv der Sträucher.

Die Küste von Paros ist größtenteils steil und felsig, wird aber von vielen kleineren sandigen und teilweise kiesigen Buchten unterbrochen. Nur auf der Ostseite der Insel gibt es zwei natürliche große Buchten mit schönen Sandstränden. Der Boden der Insel ist vorwiegend felsig und besteht aus Granit mit Einschlüssen aus Kalkstein und Marmor, jenem blendend weißen parischen Marmor, aus dem in der Antike große Werke und Denkmäler geschaffen wurden. Dieser einmalige Marmor ist leicht durchscheinend und war ein geschätzter Werkstoff für die Tempel von Athen, Delphi und Olympia, den Tempel des Apollo in Delos, das berühmte Heiligtum, das von allen Griechen besucht wurde, den Hermes des Praxiteles aus Olympia, die Aphrodite von Milo und viele andere bekannte Kunstdenkmäler.

Die Vegetation ist vielseitig. An den weiß gekalkten Kykladenhäusern ranken sich dicht verwurzelt Kletterblumen, wie Bougainvillea, Klematis und viele andere, in einer farbigen Üppigkeit. Die Palette der Farben reicht vom tiefsten Rot bis Lila und all den Farbnuancen dazwischen. Die kleinen, wie in sich geschachtelten Kykladenhäuser liegen klar und doch verträumt in labyrinthisch verwinkelten Gassen und bilden den hellen Kontrast zu all der üppigen Farbigkeit. Der Oleander mit seinem intensiven Rosa schenkt seine Pracht von Mai bis Oktober. An der flachen Südostseite, wo genügend Wasser vorhanden ist, liegt der fruchtbare, landwirtschaftlich genutzte Teil der Insel. Hier werden Wein, Oliven, Kartoffeln und Hülsenfrüchte angebaut. Zweimal im Jahr werden herrliche, ehrlich sonnengereifte Tomaten geerntet, die wirklich nach Tomaten schmecken.

Montag, Ende Mai 1998

Ich bin in „meiner Bucht", die ich um diese Zeit für mich allein habe. Mein kleines oranges Handtuch, auf das ich mich setze, ist ein Farbkleks auf diesen herrlichen, weißen, runden Steinen, die vom beständigen Ein und Aus der Wellen, diesem sanften und steten Heranrollen des Wassers ihre Form gefunden haben. In Ufernähe ist das Wasser von blaßgrüner Farbe und durchsichtig, die runden Kieselsteine glänzen wie poliert. Hinter mir halten sich die Tamarisken am kargen Boden fest. Sie wölben sich zu einem Baldachin, geformt vom Wind, wenn er mit seiner elementaren Kraft über die Insel fegt. Der Wind, mein Begleiter auf der Insel, wird zu meinem Lehrmeister. Er lebt mir die Freiheit vor. Er ist der Sanfte, der Wilde, der Unberechenbare, der sich von niemandem einengen läßt. Er wirbelt und tanzt, kommt als Sturm, als Orkan, alles zerstörend, um gleich wieder der Sanfte zu sein. Er läßt sich in keine Form pressen, nicht anmalen, nicht in Kartons verpacken, mit Firmennamen versehen, kleinere oder größere Packungen im Dutzend billiger und noch eine Mehrwertsteuer drauf mit Ablaufdatum und Beipackzettel „Fragen Sie Ihren Arzt oder Apotheker". Ich liebe den Wind und empfinde Sehnsucht, diese Freiheit mit ihm teilen zu dürfen. Oft glaube ich zu spüren, daß er mich mitnimmt, hinauf in unendliche Höhen, in andere Länder, und ich tanze mit ihm durch Täler. Jetzt gerade ist er eine leichte Brise. Ich fühle ihn zärtlich auf meiner Haut. Sanft kommt er über den Hügel. Er bringt den würzigen, unaufdringlichen Duft blühenden Salbeis mit, und wenn er über die Wasseroberfläche streicht, ist er nur am kleinen Kräuseln der Wellen zu erahnen.

Warum habe ich gerade Griechenland gewählt? Ist es die majestätische Stille der Landschaft, das Meer, die Sonne, der unendliche Himmel, die mich bewegt haben hierher zukommen oder sind es die lauen, geheimnisvollen Mondnächte? Ich finde mich hier an einem Ort, wo die tägliche Geschäftigkeit unserer modernen Welt noch nicht Fuß gefaßt hat, wo der Rhythmus des Lebens noch in gemächlicheren Bahnen fließt, wo Traditionen noch gelebt werden und doch Offenheit für alles Neue besteht. Hier kann ich noch die Natur in ihrer ganzen „Essenz" fühlen und tief in mich hineinatmen. Ich spüre, daß ich ein Teil des Ganzen bin, ein Tropfen im großen Ozean der Liebe und Güte. Ich fühle mich als Teil der Schöpfung, der unendlichen Harmonie, und das Wort Demut bekommt eine andere Bedeutung. Früher bedeutete Demut für mich, so wie ich es in der Schule gelernt habe, de- und wehmütig, ein „sich Beugen". Heute weiß ich, daß Demut die kreative Kraft der Schöpfung ist. Wenn ich mir das Wort Demut – De-Mut – geschrieben vorstelle, spüre ich ein Gefühl in mir, das mir sagt, Hoch-Mut würde eher stimmen,

9

denn es kommt von einem hohen Gefühl, einer besonderen Kraft, aus der Freude, von innen heraus. Es ist ein Gefühl, das im Innern jubiliert und singt. Worte, die aus dem Herzen kommen sind wie eine schöne Melodie. Vor einiger Zeit las ich in einem Buch die Worte des indischen Mystikers Kabir, die mir jetzt wieder einfallen: „Suchst du mich? Ich sitze neben dir, meine Schulter berührt die deine." Es ist unser Inneres, das uns immer berühren möchte. Es gab eine Zeit, da hatte ich dies alles vergessen, eine Zeit, wo ich in Waren und nicht im Wahren mein Heil suchte. Heute weiß ich, die Liebe, das Innerste zu erkennen, ist ein nie endender Prozeß; und ich weiß auch, daß sich die Liebe jedem Menschen auf andere Art zu erkennen gibt.

Zwingend greife ich zu einem weißen Stein. Er fühlt sich warm an, denn die Morgensonne hat ihn gewärmt. Er paßt genau wie ein Schmeichler in meine Hand, und ich betrachte ihn. Er ist etwas Besonderes, wie aus Tausenden von Kristallen zusammengesetzt, glitzert und funkelt er und strahlt die Beständigkeit und ewige Ruhe der Schöpfung aus. Ich spüre den Wunsch ihn mitzunehmen, und als ich ihn in seiner ruhigen Schönheit betrachte, wird mir klar, daß wir Menschen immer etwas in unseren Besitz nehmen wollen, und ich bin ein wenig beschämt.

Der Wind ist noch sanfter geworden, ein unendlicher Friede ist in mir, vom Stein in meiner Hand geht eine eigene Energie aus, und während ich nach einem Anfang für meine Aufzeichnungen suche, brechen die Worte plötzlich hervor, gleich den Funken einer Wunderkerze, wenn sie entzündet wird.

Mein Verstand versucht sofort, all das zu erfassen und zu verstehen. Ich sammle mich und überlege nochmals, was ich will. Ich bin auf diese Insel gekommen, um niederzuschreiben, was ich in den letzten Jahren und Monaten erfahren und recherchiert habe, möchte meinem Vater, der für mich immer ein Unerreichbarer, fast Unbekannter gewesen ist, näherkommen, indem ich seine Geschichte, einen Teil seines Lebens aufzeichne, indem ich meine Gedanken ordne und für mich selbst Klarheit schaffe. Aber es geht auch um meine persönliche Geschichte, meine Kindheit, meine Suche nach meinem ureigensten Wesen und nach der Wahrheit, die in meinem Innern ist. Ich suche auch nach einem Weg, den Schmerz zu heilen, der sich im Laufe meiner zwei gescheiterten Ehen noch weiter angesammelt hat.

Als ich anfing nachzufragen, die Vergangenheit heraufzubeschwören, das Leben meines Vater wiedererstehen zu lassen, besonders in der Zeit von 1938 bis 1941, da haben meine älteren Geschwister ablehnend reagiert. Ich solle die Vergangenheit ruhen lassen. Doch was ich durch meine Suche erfahren und erkannt habe, ist weder Glaube noch Beweis, es ist einfach meine unmittelbare Erfahrung, es ist einfach so, wie es ist. Je intensiver ich mich mit meinem Thema auseinandersetzte, desto klarer erkannte ich, daß ich meine Erfahrungen niederschreiben muß.

Die Medien programmieren die Geisteshaltung und damit die Denkmodelle. Fast täglich werden Muster von Gewalt – Gier – Rache – Korruption – Mitleid gesendet. Aber Mit-Leid ist nicht das Thema der Liebe, sondern Mitgefühl. Nur Gedanken der Liebe können den Schmerz, der sich in der Menschheitsfamilie im Laufe der Geschichte angesammelt hat überwinden und einen grundlegenden Wandel des menschlichen Bewußtseins entstehen lassen. Es wird so vieles in den Medien berichtet, es gibt so viele Bücher, die über das unsägliche Leid der Judenvernichtung berichten. So entsetzlich diese Geschehnisse waren, waren sie doch nur ein Teil der Grausamkeiten jener Zeit. Die Auslöschung sogenannten lebensunwerten Lebens stand ebenso an der Tagesordnung wie die Sterilisationen Behinderter zur Verhinderung erbkranken Nachwuchses. Die Verbrechen und Grausamkeiten, die das Nazi-Regime bis 1945 verübt hat stellen in ihrer Ungeheuerlichkeit in der europäischen Geschichte ein tiefes, schwarzes Loch dar. Die Erinnerung an die Schande darf aber nicht ewig die Fortdauer einer unauflösbaren Spannung zwischen den Menschen sein. Als ich im Zuge meiner Recherchen Interviews mit Juden machte, trafen mich ihre Aussagen, daß alle Deutschen und Österreicher so oder so am Geschehen beteiligt und mitschuldig wären, immer sehr. Denn ich weiß, daß nicht nur mein Vater versucht hat zu helfen, auch viele andere Menschen, ob Deutsche oder Österreicher, haben im Widerstand gearbeitet, obwohl sie wußten, daß KZ oder die Todesstrafe die unmittelbare Folge war, wenn ihre Aktivitäten publik wurden. Sie mußten mit dem Schlimmsten rechnen. Erinnerungen an diese Zeit sind nicht nur für alle Beteiligten, sondern für alle Menschen wie ein schwarzer Fluch, denn wir haben nun einmal eine gemeinsame Geschichte. Es heißt, die Vergangenheit ist die Lehre der Erfahrung. Haben wir – und mit diesem wir meine ich jeden einzelnen, die gesamte Menschheit – aus ihr gelernt?

Jetzt und nur jetzt können wir alles besser machen und täglich neu beginnen. Jetzt ist immer der Augenblick, in dem wir wahrhaftig lebendig sind. Nur der Mensch in seiner materiellen Form urteilt und verurteilt, nicht die Seele. Sie kennt keinen Rassenunterschied, sie hat die Weisheit, die Stärke, die Liebesfähigkeit, die Dinge und Erlebnisse in allen Lebenssituationen mit anderen Augen, den inneren Augen zu sehen.

Viele Jahre habe ich mich mit der Geschichte meines Vaters beschäftigt. Ich war bei meinem Vater immer nur Gast, denn ich war ein uneheliches, nach gängiger Meinung nicht legitimes Kind, ohne Ansprüche und Rechte, und lebte bei meiner Mutter und Großmutter. Doch ich durfte meinen Vater und seine Familie oft besuchen. Papa, so nannte ich meinen Vater, hatte eine eigene Familie und wohnte mit ihr in Liebenau. Am Glockenspielplatz hatte er eine Zweitwohnung. Er war ein Geschäftsmann und Lebemann, ein Mensch, der sich in der Gesellschaft bewegen konnte und in seiner Zweitwohnung rauschende Feste gab. Bei Nachfragen in der Israelitischen Kultusgemeinde durfte ich die Bekanntschaft von Prof. Klein machen, der sich noch gut an Papa erinnern konnte, da er als 16jähriger mit seinem Vater im Auswanderungsbüro für Juden mitgeholfen hatte. Er beschrieb Papa als einen eleganten Mann, einen Mann von Welt, der gerne einen Kamelhaarmantel trug und zwei Opel Kapitän besessen hatte, was für die damalige Zeit eine Sensation war. Papa war aber auch ein Draufgänger und Heißläufer, der sich vorbehaltlos für andere eingesetzt hatte und dadurch des öfteren mit dem Gesetz in Konflikt gekommen war. Und er war ein Abenteurer und ein mutiger Mann, der, wie aus Dokumenten hervorgeht, von 1939 bis 1941 rund 120.000 Juden die Ausreise und Flucht ins rettende Ausland ermöglichte.

Meine Mutter, von mir Mutti genannt, und ich wohnten ab meinem ersten Lebensjahr bei der Mutter meiner Mutter, meiner Großmutter also, von allen Oma genannt. In meiner Erinnerung ist Oma meine Insel gewesen. Sie war eine wunderbare, gütige Frau, die selbst neun Kinder großgezogen hatte. Sie arbeitete emsig als Lohnwäscherin und hatte deshalb sehr wenig Zeit. In der Familie, in der ich aufwuchs, wurde vermieden, über Papa zu sprechen. Auch lange Zeit nach dem Krieg waren die Angst vor den Greueln des Krieges, dem arischen Denken, dem Nationalsozialismus, dem Rassenhaß und der Judenverfolgung noch wie in allen Zellen gespeichert, sodaß in der Familie, wenn überhaupt, nur hinter vorgehaltener Hand über dieses Thema gesprochen wurde. Wir Kinder waren dabei aber immer ausgegrenzt. Vielleicht war es die Scham, daß man zu einem Volk gehörte, das Juden, Zigeuner, Behinderte, Geistliche, Kommunisten und Zeugen Jehovas getötet, geschlachtet und als alles andere, nur nicht als Menschen behandelt hatte? Oder war es die Scham, sagen zu müssen, daß mein Vater dreizehn Mal oder öfter im Gefängnis gesessen war? Oder war es die innere ohnmächtige Wut, daß mein Vater 1945 von zwei Juden wegen Bereicherung an jüdischem Gut und angeblicher Mißhandlung jüdischer Menschen angezeigt worden war? Meine Großmutter sagte oft, Papa habe den letzten Prozeß, nach allem was geschehen war, seelisch nicht verkraftet, er sei schon sehr krank gewesen und dieser Prozeß habe ihn zerstört.

Doch was war es wirklich, was dieses beharrliche Schweigen heraufbeschworen hatte? In meiner Familie gibt es niemanden mehr, der mir diese Frage beantworten kann.

Aus den verschiedenen Liebesbeziehungen meines Vaters gingen insgesamt sieben Kinder hervor. Meine Mutter war nur selten bereit, mir von Papa zu erzählen. Ich erinnere mich, daß er oft Tage und Wochen nicht zu Hause und somit auch für mich nicht erreichbar war. Bei diesen Gelegenheiten hörte ich dann oft Worte wie Untersuchungshaft, Gefängnis. Ich konnte aber nichts verstehen, denn Papa war für mich immer gut, und ich wußte, er würde nie jemandem etwas antun. Wenn ich dann meine Oma nach Einzelheiten fragte, bekam ich immer nur zur Antwort, daß Papa ein sehr guter Mann, daß er der Beste sei. Wie aber sollte ich die Welt verstehen, wenn ich vom Gefängnis hörte? In meiner Phantasie sah ich ihn hinter Gittern, mit einer Stahlkugel und gestreiften Kleidern. Abends betete ich mit meiner Oma für ihn. In späteren Jahren konnte ich meine Mutter ab und zu dazu bringen, mir Details aus seinem und ihrem Leben zu erzählen. Doch seltsamerweise verwickelte sich meine Mutter immer wieder in Widersprüche und wurde sehr ungehalten, wenn ich bohrend weiter fragte. Viele Dinge habe ich als Kind nicht verstanden, aber ich habe sie in mir gespeichert. Eines aber war Papa für mich trotz aller Geheimnisse, er war ein Held, den ich immer sehr bewundert hatte. Doch auch als ich erwachsen war, war meine Mutter, die seit meinem vierzehnten Lebensjahr in

Vorarlberg wohnte und die ich daher selten traf, und wenn, dann nur in Gegenwart ihres Mannes, nicht bereit, mit mir über die Vergangenheit zu sprechen. Wieder wurden meine Fragen abgewiesen.

Ich habe es Papa lange Zeit sehr übel genommen, daß er sich mir einfach entzogen hat. Er starb, als ich achteinhalb Jahre war und ließ mich mit meiner Sehnsucht nach seinen Umarmungen allein. Wenn ich traurig war, war er in meinen Tagträumen Zufluchtsort und oft auch stiller Gesprächspartner, dem ich alles erzählen konnte. Fünfundvierzig Jahre habe ich gebraucht, um Papa loszulassen, immer wieder war ich wie gelähmt, habe meinen Gedanken keine Freiheit gegeben. Ich bin in Gedanken zu ihm geflüchtet und habe ihn um Hilfe angerufen. Das hat mir geholfen, denn ich hatte ein Gefühl, als würde in meiner Dunkelheit ein Licht angezündet. Heute erst kann ich begreifen, daß ich meinen Vater nur dann benützt habe, wenn ich traurig war und ihn an meinem Glück nicht teilnehmen ließ. Ich weiß, daß man eine Seele nicht mit dem Ego festhalten darf. Das geistige Bild eines geliebten Menschen, das man in sich trägt, braucht nicht unbedingt die körperliche Existenz. Es ist die Liebe, die die Verbindung aufrecht erhält und nicht der Verstand.

Immer noch halte ich den weißen Schmeichelstein in meiner Hand und nenne ihn spontan Pepi. Ich muß herzlich lachen und finde es sehr komisch, denn so wurde Papa von seinen Freunden genannt. Es macht mich aber auch betroffen, und ich höre, wie so oft, eine leise Stimme in mir, die mir sagt, daß es auf das Erkennen und innere Hören ankommt, daß ich mir selbst vertrauen soll, denn ich habe alles Wissen in mir. Ich überlege, was damit gemeint sein könnte, denn ich habe gelernt, auf mein Inneres zu hören. Ich weiß, daß ich meinem Inneren immer mehr vertrauen kann. Dennoch ist es für mich neu, auf diese Weise Antworten auf meine Fragen zu bekommen. Das erste Mal erlebte ich es in Tasmanien. Ich war gerade zu Besuch bei meinem Bruder Hans, eigentlich Halbbruder, aber ich sehe ihn als meinen Bruder an, als ich einige Tage allein mit dem Auto unterwegs war, herrlichen, kilometerlangen, unberührten, weißen Sandstränden entlang. Stunden und Tage war ich allein mit der Natur, meinen Gefühlen und Gedanken. Viele Fragen stellte ich dem Meer, und immer hörte ich eine Antwort. Dort in der Einsamkeit, ebenso wie später inmitten der australischen Wüste, fand ich Antworten. Ich habe nie darüber nachgedacht, es war so einfach, aber jetzt hier, als ich wieder die Antworten zu meinen unausgesprochenen Fragen höre, macht es mich froh. Sorgfältig lege ich den Stein wieder zu seinesgleichen zurück. So wie wir Menschen hat auch jeder Stein seine Geschichte und Entwicklung, das kleinste Körnchen, das in der Masse ein Sandstrand wird ebenso, wie die vom Meer abgeschliffenen größeren Formen. Es ist, als wären sie alle „wissend".

Die Sonne ist inzwischen höher gestiegen. Es ist sehr warm geworden. Ich wandere zurück. Viele Begebenheiten aus meiner Kindheit kommen mir in den Sinn. Gestern war Sonntag, und ich muß an die Sonntage denken. Zu Hause gab es das große Sonntagsgebot „Du sollst den Tag des Herrn heiligen!", was natürlich hieß, daß ich in die Kirche gehen mußte. Das war für mich kein Vergnügen, eher eine anerzogene Pflicht, die in meiner Familie nur für mich Gültigkeit hatte. Ich mußte genauso früh aufstehen wie an einem Schultag, nur mit dem Nachteil, daß die morgendliche Reinigung überwacht wurde. Hals, Ohren und Haare mußten gewaschen, Nase und Schuhe geputzt werden. Meine Oma war eine wunderbare, gläubige Frau, und ich liebte sie über alles. Um sie nicht zu kränken, folgte ich ihr mustergültig. Dennoch waren Zärtlichkeiten rar, und die sonntägliche Streicheleinheit bestand darin, daß sie mich, wenn ich in weißen Strümpfen, blauem Faltenrock und weißer Bluse fertig für den Kirchgang war, liebevoll und zufrieden musterte und ermahnte, wohl artig zu sein, alle Menschen unterwegs zu grüßen und für die Familie zu beten. Da sie auf das Evangelium besonderen Wert legte, mußte ich wohl oder übel in der Kirche aufmerksam sein, damit ich es nacherzählen konnte. Während dieser morgendlichen Zeremonie durften wir uns nur flüsternd unterhalten. Nach dem Krieg waren unsere Wohnungsverhältnisse sehr beengt. Mutti war die einzige, die allein in der kleinen Wohnküche schlief, in der sich tagsüber alles abspielte. Sie durfte am Sonntag nicht gestört werden. Sie arbeitete unter der Woche in einem Buchladen und brachte das Wirtschaftsgeld nach Hause. Meine Großmutter, mein Cousin Fritz und ich teilten uns das kleine Schlafzimmer. Ich hatte lange kein eigenes Bett, denn bis zum Jahr 1947 hatten wir oft die Gesellschaft von bis zu sieben weiteren Familienangehörigen, die alle im Schlafzimmer wohnten. WC und Wasser waren am Gang. Als zwei der vier Söhne

Omas aus der Kriegsgefangenschaft zurückkamen, hatten sich ihre Frauen inzwischen mit anderen Männern getröstet, sodaß sie selbst vor dem Nichts standen. Daher wohnten sie kurzfristig bei uns. Eine Tochter von Oma war ausgebombt worden und ohne Wohnung. Auch sie zog mit ihrem Mann und zwei Kindern bei uns für zwei Jahre ein. Schließlich gab es noch meinen Cousin Fritz, dessen Mutter an TBC gestorben und dessen Vater unbekannt war. Er wohnte ebenfalls bei uns. Die beiden anderen Söhne meiner Oma sind im Krieg gefallen. Viele Jahre habe ich Oma abends beten und leise weinen gehört. Ich getraute mich dann kaum zu atmen, um ihre Trauer nicht zu stören. Sonntags also, wenn meine Mutter noch schlief, lief ich hungrig los, um rechtzeitig in die Kirche zu kommen. Essen vor der Kommunion war nicht erlaubt. Manchmal nahm ich beim Zähneputzen heimlich und mit schlechtem Gewissen ein paar Schluck Wasser zu mir und wußte, daß ich bei der nächsten Beichte wieder einiges zu erzählen hatte. Ich verhandelte immer leise mit dem lieben Gott und flehte ihn an, mir nicht böse zu sein, denn ich würde mich bestimmt bessern und nur einen kleinen Schluck Wasser nehmen! So erfuhr ich einen strengen, strafenden Gott, der alles sah und einen noch strengeren Herrn Pfarrer. Fritz, mein Cousin, er war drei Jahre älter als ich, hatte, weil er so ein armer Bub und meine Großmutter eine gläubige Frau war, Ministrant werden würfen. In meinem Denken war dies etwas ganz Hohes, und ich war stolz auf ihn. Diese Würde dauerte nicht lange, denn bald geriet auch ich als Verwandte des Fritz beim Herrn Pfarrer in Ungnade. Fritz und seine Ministrantenfreunde waren mit Schimpf und Schande, begleitet von ein paar geistlichen „Watschen", abgesetzt worden, nachdem sie in der Sakristei „Gotteslästerung" begangen hatten. Die Sakristei war ein Ort, wo Mädchen absolut nicht hinein durften, denn der Gott, den ich damals kannte, erlaubte keinem Mädchen, diesen Ort zu betreten, nur die Religionslehrerin durfte hinein. Ich sah sie immer mit Liederbüchern unterm Arm in die Kirche kommen, die Augen keusch gesenkt. Gerne hätte ich diesen Ort kennengelernt, allein das Wort Sakristei hatte etwas Geheimnisvolles, Unbekanntes, die Kirche selbst war ja bekannt. In dieser Sakristei nun, diesem Vorhof der Kirche, haben die Ministranten ihr Können im Zielpinkeln gemessen. Sie stellten einen Weihrauchkessel, jenes Gefäß, aus dem bei der Messe duftender Weihrauchqualm quillt, in der Mitte des Raumes auf und versuchten, im Wettbewerb aus festgelegter Entfernung in den Weihrauchkessel zu pinkeln. Wie oft sie dieses Spiel getrieben haben, weiß ich nicht. Ich weiß nur, daß sie dabei vom Pfarrer erwischt wurden, und der Zorn des Gottesvertreters war nicht zahm. So war auch ich eine Verfemte, denn schließlich kam ich aus derselben Familie. Fritz traf es besonders hart, denn für den Pfarrer war er der Anstifter, hatte er doch nicht, so wie die anderen Jungen, Eltern, die mit gesenkten Augen kamen, sich entschuldigten, spendeten und versprachen, ihrem Sohn Gottesfurcht zu lehren und den Umgang mit dem bösen Fritz zu verbieten. Ich erinnere mich genau, ich hatte irgendwie ein unbestimmtes Gefühl der Freude, die ich aber niemandem zeigen durfte, und ein wenig Stolz, war er für mich doch ein Held. Das stürzte mich aber auch in richtige Gewissenskonflikte, da ich mich nicht getraute, dies beim Pfarrer zu beichten. Meine Chancen beim lieben Gott standen also schlecht, das war mir klar, und ich getraute mich daher nicht mehr, um ein kleines eigenes Eck in der Wohnung zu beten, wenigstens eine freie Lade im Kasten für meine kleinen Schätze oder irgend einen Ort, einen kleinen Winkel, wo ich allein sein konnte. Mein sehnlichster Wunsch ging nie in Erfüllung.

Wir waren, soweit ich mich zurückerinnern kann, arme Leute, vor allem nach dem Krieg gab es nichts. Ich habe es aber nie schlimm empfunden, denn meine Oma war eine Zauberin in der Küche. Irgendwie hat sie es immer wieder geschafft, etwas Eßbares zu besorgen. Aber wir mußten natürlich auch alle mithelfen. Oft bin ich mit Fritz stundenlang abwechselnd in einer Menschenschlange vor der Bäckerei gestanden, die einmal die Woche Brot ausgab, und es konnte durchaus passieren, daß das Brot nicht reichte, und wir ohne Brot nach Hause gehen mußten. Wir sammelten im Stadtpark Eicheln, die Oma röstete und mit anderem Getreide in der Kaffeemühle mahlte, um den Teig zu verlängern und daraus Brot zu backen.

Eine Episode löst in mir noch immer Heiterkeit und große Bewunderung aus. Manchmal geschahen in dieser Hungerszeit auch Wunder, denn Mutti hatte von irgend jemand einige Weißkrautköpfe bekommen. Oma strahlte und rechnete uns vor, wie oft wir im Winter davon essen könnten. Sie hobelte und schnitt, hatte auch Gewürze besorgen können und füllte unser kleines Badebecken, in dem wir sonst auch unsere Wäsche wuschen, mit dem gehobelten

Kraut. Was Oma in ihrem Tatendrang und ihrer Freude erst zu spät bemerkte war, daß es kein Geschirr zu kaufen gab, um das Sauerkraut zu lagern. Mit großer Zuversicht klapperte sie trotzdem die Geschäfte ab und brachte schließlich auch genügend Töpfe mit. Zehn Stück an der Zahl. Praktisch wie Oma war, erklärte sie der staunenden Familie, daß wir uns nichts denken bräuchten, denn die Töpfe wären neu, und sie habe nichts anderes bekommen. Die Töpfe aber waren nichts anderes als zehn neue „Nachttöpfe" aus Glas. Sie füllte Topf für Topf mit Sauerkraut, verschloß sie und verwahrte sie bis zu ihrer Verwendung unter den Betten.

Zeitweise wohnte in unserer kleinen Wohnung auch ein Huhn. Es hatte seinen Platz in einer Mulde unter dem gemauerten Ofen. Diese Mulde war normalerweise für das Holz gedacht. Das Holz aber lag sorgfältig geschichtet neben der Kohle in der Kohlenkiste. Die fein geschnittenen Späne und das Papier zum Anheizen hatten ein eigenes Abteil. Geheizt wurde nur in der kleinen Wohnküche und auch nur dann, wenn es bitter kalt war. Ich hatte es gerne, wenn Oma abends einheizte. Sie zündete zuerst die Späne an, die knisterten und ein schönes Licht gaben. Dann wurden Scheite nicht zu dicht darauf gelegt, und schließlich fing es zu prasseln an. Die Kohle mußte man vorsichtig nachlegen. Der Deckel der Kohlenkiste war weiß gestrichen und ein kuscheliger Sitzplatz, wenn sich vom Ofen die Wärme ausbreitete. Im Winter glänzten im Schlafzimmer die Wände eisig. Um wenigstens ein bißchen Wärme zu haben, wurde abends ein Ziegel im Backrohr erwärmt, mit einem Tuch umwickelt und in das eisige Bett gelegt, wodurch das Bett behaglich warm wurde. Im Sommer wurde auf einem Petroleumgaskocher gekocht, auf dem Phoebus stand. Die meisten Speisen wurden damit zubereitet, nur bei kürzerer Kochzeit diente ein kleiner elektrischer Kocher als Herd. Er hatte eine Heizspirale, die am Abend, wenn der Kocher eingeschaltet wurde, ein warmes, oranges Licht ausstrahlte. Das Licht des Petroleumkochers aber war blau, grün und kalt. Abends wurde aus Spargründen das Licht erst eingeschaltet, wenn es ganz dunkel war. Oma strickte immer im Dunkeln. Ich liebte es, mit den Lichtern des Petroleumofens zu spielen. Wenn ich die Augen zukniff, veränderte sich ihre Form, sie wurden zu Strahlen, Kreisen, waren einmal kleiner, dann wieder größer, mal sprangen sie oder tanzten. Dazu erfand ich abenteuerliche Geschichten von Zauberern und Hexen, Zwergen und wunderschönen Prinzessinnen. Ich gab den Flammenfiguren Namen, ließ sie heiraten oder kämpfen. Es waren schöne Spiele. Die Geschichten, die ich dazu erfand, schrieb ich später heimlich in ein Heft.

Zu meinen Aufgabe gehörte es, täglich mit dem Huhn in den Park zu gehen. Das war mir schrecklich zuwider, aber es mußte sein. Oma drückte mir das Huhn einfach in den Arm. Ich band es mit einem Strick an die Parkbank, mußte aber immer aufpassen, daß mir keiner das Huhn stahl. Ich war nicht die einzige mit einem Huhn, denn ein Huhn zu halten und dafür zu sorgen, war für viele Menschen oft die einzige Möglichkeit, täglich ein frisches Ei und später dann, wenn das Huhn alt war und keine Eier mehr legen konnte, ein Suppenhuhn zu bekommen. Zu meinem neunten Geburtstag erhielt ich als stilles, heimliches Geschenk ein Rührei aus einem Ei als Belohnung dafür, daß das Huhn täglich seinen Auslauf hatte. Da in der Familie alles geteilt wurde, habe ich dieses Geschenk für mich allein, heimlich bekommen. Sonst aber gab es keine Bevorzugungen.

Mein liebster Spielplatz war eine große Bombenruine in der Feuerbachgasse 26. Bei dem Bombenangriff, der das Haus zerstört hatte, waren auch 101 Menschen getötet worden. Wenn Oma davon erzählte, kam in ihr Gesicht immer eine große Traurigkeit. Die Menschen hatten sich in den Luftschutzkeller, es war ein Sammelkeller gewesen, zurückgezogen und den Tod gefunden. Unter den Toten waren auch einige Nachbarn, die wir näher gekannt hatten. Oma ging bei Bombenalarm immer in den eigenen Kohlenkeller, obwohl dies verboten war. Diese Bombenruine in der Feuerbachgasse bot nun viele Spielmöglichkeiten. Es war zwar verboten, sich darin aufzuhalten, aber man konnte wunderbar Puppenküche spielen. Die Puppen dazu wurden selbst fabriziert. Auch Theater wurde gespielt. Wir Kinder aus dem Wohnviertel entwickelten bald eine große Meisterschaft darin, über große Löcher zu springen und, ähnlich wie bei einem Geländelauf, große Hindernisse zu überwinden. Oft gaben die losen Ziegel nach, und es gehörte viel Geschick dazu, nicht abzustürzen, was natürlich auch hin und wieder passierte. Schrammen gehörten einfach dazu. Vielleicht waren das die Voraussetzungen, daß ich eine gute Turnerin und Läuferin wurde. Ich hatte die Ruinen gerne und kein Verständnis dafür, als man mit dem Wiederaufbau und mit dem Abbruch der Ruine begann, waren doch so verborgene Nischen und Verstecke darin, wo ich ganz allein sein konnte mit all meinen Träumen. Aber ich fand bald einen Ersatz. Das Haus, in dem wir einige Jahre nach dem Krieg wohnten, war ein sogenanntes Zinshaus, zweistöckig mit einem großen Innenhof, in dem auch eine Kartonagenfabrik untergebracht war. Die großen Ballen Wellpappe und die Kartons wurden im gedeckten Hinterhof gelagert, und es gab wieder jede Menge Schlupfwinkel. Sie waren zwar nicht so versteckt und heimlich wie in meiner Ruine, boten aber immerhin wieder die Möglichkeit, sich eigene Nischen und Verstecke zu schaffen. Leider wurden die Kartons immer wieder gebraucht, und die Lagerstöße änderten sich ständig. Aber die Kartonagenfabrik war auch in wirtschaftlicher Hinsicht ein großer Segen für mich, denn ich durfte als Kind handwerkliche Hilfsdienste verrichten. Es gab aus Karton zugeschnittene Streifen mit Schlitzen, und die mußte ich zu „Eierrastern" zusammenstecken, so wurden diese Dinger genannt, die an Hühnerfarmen verkauft wurden, um Eier zu transportieren. Pro Stück bekam ich dafür einige Groschen, und es war eine wunderbare Möglichkeit, ein wenig Geld zu verdienen.

Donnerstag, Mitte Juni 1998

Ein neuer Morgen. Heute habe ich einen kleinen Fischerhafen gewählt, nicht weit entfernt von meiner Bucht. Das Wasser ist ganz ruhig und klar, die Sonne spiegelt sich darin. Es ist, als würden die Lichtreflexe um die Wette strahlen. Die Boote sind angebunden und schaukeln, eigentlich wiegen sie sich nur. Das

Farbenspiel, die Spiegelungen der bunten Boote im Wasser sind beruhigend und aufregend zugleich. Diese Bucht hat auch einen kleinen Teil Steilküste. Es ist ein Abbruch, der im Lauf der Zeit entstanden ist. In der Morgensonne leuchtet die Erde in Englischrot und lichtem Ocker. Mit dem Grün der Tamarisken, dahinter ist ein wenig Gold vom Kornfeld zu sehen, und dem Blau des Himmels wirkt diese zauberhafte Idylle fast wie eine kitschige Postkarte.

Die Sonne steht inzwischen schon sehr hoch, der Himmel ist irisierend wie ein Opal, die Luft still, und ohne einen schützenden Schatten ist es schon sehr heiß. Ich sehe den Vögeln zu und meine Gedanken wandern. Frei wie ein Vogel sein, ist das erstrebenswert? Ist die menschliche Freiheit nicht grenzenloser? Die Vögel müssen den Naturkräften und Verhaltensmustern folgen, auch wenn sie noch so frei wirken im Spiel mit dem Wind. Wir Menschen können alles bewußt tun. Das Bewußtsein, für mich frei entscheiden zu können, erfüllt mich mit tiefer Dankbarkeit. Es tut gut, diese Erinnerungen an die Kindheit wieder aufleben zu lassen. Wenn sie nicht mehr weh tun, sind sie wie schöne Geschichten. Sie haben beinahe etwas Mystisches, aber auch viel Heiteres. Ich glaube, daß wir nur durch unsere Erlebnisse, egal wie wir sie erlebten, wachsen und uns entwickeln können.

Ich habe mir einen etwas höher gelegenen Platz zum Schreiben gewählt. Im Schutz der Tamarisken läßt sich die Wärme der Sonne gut ertragen. Meine Gedanken wandern wieder zu meinem Vater. Im Feber 1949 hat er nach schwerer Erkrankung seinen

Körper verlassen, ist er gestorben. Ob er wirklich bis zu seinem Ableben an seine Genesung geglaubt hat, kann ich nicht sagen, doch er sprach bis zum Schluß davon, daß alles gut ausgehen würde. Er, Pepi, der Abenteurer und Lebemann, hat das Leben bis zu seiner Erkrankung, zumindest nach Meinung seiner Freunde, in vollen Zügen genossen. Wie es wohl in seinem Inneren ausgesehen hat? Er hat in den Jahren 1938 bis 1941 in die Geschichte eingegriffen. Einiges über sein Leben hat mir meine Mutter berichtet. Auch mein ältester Bruder hat mir auf mein Drängen hin so manches erzählt. Dennoch war mein Bild des Vaters ein sehr vages. Ich kann mich in meinem Bericht nur auf selbst Gehörtes, auf meine Wahrnehmungen als Kind, als Jugendliche, auf später Begriffenes und auf die Unterlagen des Landesgerichtes Graz stützen und so versuchen, seinem Wesen und Wirken etwas näher zu kommen. Ich bin angewiesen auf Recherchen und auf Antworten von Zeitzeugen auf meine bohrenden Fragen. Mit einem jüdischen Zeitzeugen, der von meinem Vater außer Landes gebracht wurde und nun in Florida lebt und selbst ein Buch über die Zeit des Naziterrors und seine Flucht aus Österreich schreibt, bin ich seit einiger Zeit im Briefkontakt. Ich weiß, ich bin historisch nicht fundiert gebildet, ich will daher auch nicht theoretisieren. Es wird von den Historikern vieles getan, um die Wahrheit zu enthüllen, und ich bin froh, ihre Nachschlagwerke verwenden zu können. Dennoch sind die persönlichen Berichte und meine Recherchen anders, weil sie greifen einen Menschen, einen Aspekt der Geschichte auf und sind daher in ihrem eingeschränkten Themengebiet wesentlich umfangreicher und direkter als dies in einer Gesamtdarstellung der Judentransporte außer Landes etwa sein könnte. Bei meinen Recherchen in Wien habe ich mich an das Dokumentationsarchiv des Österreichischen Widerstandes gewandt, da ich hoffte, Antworten auf meine Fragen zu finden. Man hat mir die Titel von Büchern genannt, mit deren Hilfe ich mich weiterinformieren konnte. Ich habe also viele Bücher gelesen über diese grausame Zeit ohne Gnade. Ihr Inhalt hat mich unsagbar betroffen gemacht, und entsetzt habe ich einen Blick in den Abgrund der äußersten Tiefen des Menschen getan. Das Wort Konzentrationslager löst in mir Entsetzen und eine unsagbare Trauer aus. Es ist ein schwarzer Abgrund, eine Hölle, in die Menschen gezerrt, gestoßen und geworfen wurden – kein geschriebenes und gesprochenes Wort, keiner, der die Greuel nicht selbst erlebt hat, wird diese Hölle jemals beschreiben können.

Mein Vater hat, so steht es in den gerichtlichen Unterlagen, 120.000 jüdischen Menschen direkt und indirekt zur Flucht verholfen, und niemand in der Widerstandsbewegung, deren Archiv ich aufsuchte, konnte oder wollte mir darüber etwas erzählen. Niemand scheint darüber Bescheid zu wissen, lediglich ein oder zweimal ist sein Name in verschiedenen Aufzeichnungen kurz erwähnt. Als man mich nach dem Namen meines Vaters fragte und ich erwähnte, daß er Schleich geheißen habe, hat sich das Interesse schlagartig geändert. Man fragte mich, warum ich erst jetzt käme und meinte, daß man immer geglaubt habe, Schleich wäre ein Deckname. Niemand habe gewußt, daß dies sein richtiger Name gewesen sei. Meine Fragen, die ich stellte, wurden eigentlich nicht gehört, sondern man wollte Antworten und Berichte von mir. So ging ich allein auf die Suche nach Beweisen für das, was damals geschehen war. Und wenn nomen omen ist, so ist es überaus kurios zu sehen, daß ein Josef Schleich viele jüdische Menschen illegal auf „Schleichwegen" über die Grenze gebracht hat.

Mein Vater scheint sich seines Namens bewußt gewesen zu sein. Zumindest war sein Vorname ein Name, den er von seinem Vater erhalten und an seinen ältesten Sohn und seinen jüngsten Sohn weitergegeben hatte. Jetzt muß ich aber kurz auf meine Familienverhältnisse bzw. auf Papas Familienverhältnisse zu sprechen kommen. Papa hatte insgesamt sieben Kinder mit vier verschiedenen Frauen. Die beiden ältesten, Johanna und Josef, hatten jeweils verschiedene Mütter und waren wesentlich älter als die anderen fünf. Das nächste Kind war Johann. Er war vorerst ein lediges Kind. Später heiratete Papa Johanns Mutter und hatte mit ihr noch weitere drei Kinder. Dazwischen aber kam ich, denn knapp fünf Wochen nach der Geburt von Johann, von allen nur Hans genannt, wurde ich geboren. Ich hatte wieder eine andere Mutter. Ich sollte Johanna genannt werden, aber dieser Name wurde nur Zweitname. Nach mir kamen die Töchter Stefanie und Brigitte und schließlich noch ein Sohn namens Josef zur Welt. Sie alle hatten, wie schon erwähnt, dieselbe Mutter wie Hans, die inzwischen Papas Ehefrau geworden war. Ich traf meinen Vater selten, doch ich habe ihn als sehr kinderliebend in Erinnerung. Zu meinem Leidwesen durfte ich immer nur tageweise bei Papa, meinen Geschwistern und seiner letzten Frau sein, die ich damals Tante und heute Stefica nenne. Die beiden

29

älteren Geschwister waren nicht mehr im Haus. Meine Mutter und Stefica waren befreundet und vertrugen sich gut, was ich als Kind völlig normal fand.

Als ich in die Schule kam wurde es für mich leichter, denn ich konnte am Nachmittag mit der Straßenbahn zu Papa und zu meinen Geschwistern nach Liebenau fahren. Papa war selten zu Hause, aber es genügte mir, einfach dabei zu sein, und es war himmlisch, wenn ich übernachten durfte. Ich liebte den Wirbel, den meine Halbgeschwister verursachten, und wenn ich bei ihnen bleiben durfte, fühlte ich mich so richtig dazugehörig. Die älteren Geschwister kamen nur noch zu Besuch und waren später ein wenig Elternersatz für uns Kinder. Wenn ich am Abend zurück mußte und abgeholt wurde, weinte ich oft und ging nur freiwillig mit, wenn meine Oma kam, um mich zu holen. Heute, aus der Sicht der reifen Frau und selbst Mutter, bekommen die damaligen Ereignisse eine andere Bedeutung.

Montag, Ende Juni 1998

Obwohl ich auf einem Felsen einige Meter über der Brandung sitze, bekomme ich feinste Spritzer ab. Das Meer zeigt heute seine Kraft. Der Wind hat gewechselt und seine Sanftheit abgelegt, er braust über den Strand und nimmt die Wellen in einem gleichsam harmonischen Spiel mit sich. Auch das ist Harmonie, ein Zusammenspiel der Elemente. Die Sonne blickt ein wenig durch die Wolken, und ihre Strahlen geben dem Schauspiel die intensiven Farben von orange und lila in allen Schattierungen. Ich habe mich in eine

Felsnische zurückgezogen, trotzdem zerrt der Wind an mir. Vielleicht um mir zuzuraunen: „Komm mit, laß den Schreibblock in meinem Wehen flattern, denn es ist ein so schönes Spiel." Ich falte aus einem Blatt Papier einen Flieger, so wie wir das als Kinder gemacht haben. Aber damit war er nicht zufrieden, denn „flutsch" war der Flieger weg. Es ist ein schönes, natürliches, spontanes Schauspiel, das sich mir da bietet. Ich schließe meine Augen und gebe mich dem Gefühl hin. Ich höre in mich hinein und Bilder entstehen vor meinen geschlossenen Augen. Es sind Bilder von meiner Tasmanien- und Australienreise, die ich diesen Winter unternommen hatte. Mein Bruder Hans lebt seit neununddreißig Jahren in Tasmanien, und ich wollte ihn besuchen, um mit ihm über meine Entdeckungen, Gedanken und Gefühle zu reden.

Ich hatte viel über Australien gelesen, und es war eine gute Gelegenheit, meine Reise zu meinem Bruder mit einer Australienreise zu verbinden. Es wurde schließlich ein großes Erlebnis für mich. In Australien hatte ich mir ein Mietauto genommen und war die Great Oceanroad von Melbourne bis nach Adelaide gefahren. Alle paar Kilometer mußte ich aussteigen, um die Schönheit und Wildheit der Küste und des Meeres in mich aufzunehmen. Der Wind heute hat diese Reise wieder lebendig werden lassen, denn auch dort wehte ein ungwöhnlich starker Wind, der nur Aufnahme und Betrachtung gestattete.

Noch eine andere Erinnerung kommt hoch. Es war im Feber 1949. Ein starker Wind blies, als ich das letzte Mal von der Straßenbahn-Endstation Liebenau zu Papa ging. Zwei Tage vor seinem Tod durfte ich ihn noch einmal besuchen. Er hat sehr gelitten, und ich wußte, daß er sehr krank war. Ich spüre noch, wie ich meine Hand in seine legte. Aber es fehlte ihm jede Kraft. Dennoch flüsterte er, daß alles wieder gut werde, und ich glaubte ihm. Zwei Tage später sagte meine Mutter so nebenbei: „Papa ist gestorben." Anfangs wollte ich es nicht glauben. Es überfiel mich wie eine Ohnmacht und alles in mir schrie ein verzweifeltes Nein, Nein, Nein. Erst einige Zeit später konnte ich weinen. Meine Mutter hatte kein Verständnis für meinen Schmerz. Sie herrschte mich an, daß es reiche und ich zu weinen aufhören solle, denn es gäbe keinen Grund, so zu heulen. In meiner Verzweiflung lief ich in mein Versteck und machte Papa Vorwürfe, daß er gegangen war. Ich war todunglücklich und versank in meinem Schmerz. Als ich am nächsten Tag in die Schule kam, ohne meine Hausaufgabe gemacht zu haben, wurde ich von der Lehrerin getadelt. Für gewöhnlich war ich eine sehr fleißige Schülerin, und als ich mir die Vorwürfe der Lehrerin anhören mußte, begann ich wieder zu weinen und erzählte, daß Papa gestorben war. Da nahm sie mich in den Arm, und ich durfte bei ihr weinen. Ich kam mir dabei furchtbar schlecht vor, mein anerzogenes Pflichtgefühl und schlechtes Gewissen sagte mir, daß ich meine Aufgabe trotzdem hätte machen sollen. Mein ausgeprägtes Pflichtgefühl, das mich mein Leben lang begleitet hat, ließ mir wenig Freiraum und manifestierte sich in einem mindestens ebenso ausgeprägten Schuldgefühl, wenn ich meiner, oft auch vermeintlichen Pflicht aus irgendeinem Grund nicht nachkam.

All diese Muster, die meist in der Kindheit aufgebaut und antrainiert werden und sich dann festsetzen, hindern oft ein Leben lang, sich frei zu entscheiden. Mein übersteigertes Pflichtgefühl erstreckte sich auf alle Menschen in meiner Umgebung. Alles im Griff zu haben, immer perfekt zu sein, die beste Mutter, die beste Hausfrau zu sein, keine Schwäche zu zeigen, immer nur zu lächeln, keinen Streit anzufangen, auf eigene Wünsche zu verzichten waren die angestrebten Ideale, die mich zu einer uninteressanten, müden, abgearbeiteten Frau ohne Erotik machten, die schlußendlich gegen eine neue Frau ausgetauscht wurde. Mein seelischer und körperlicher Abstieg ging noch tiefer. Eine Operation folgte der anderen, und es waren viele. Ich mußte ganz hinunter ins Tal des Schmerzes, bis ich soweit war, mir selbst in die Augen zu sehen und mich zu fragen, warum ich dies alles erleben mußte, was in meinem Leben schieflief. Heute bin ich dankbar für diese Chance, die ich bekommen habe. Ich habe erkannt, daß es kein Versagen gibt, sondern nur Erfahrungen und Ergebnisse aus dem eigenen Erleben und den eigenen Prägungen. Ich habe erkannt, daß ich, so wie ich bin, wertvoll bin, und nicht dann, wenn ich die unterwürfige Dienerin verkörpere, die funktioniert und versucht, allen alles recht zu machen. Meine Starrheit war groß, viele bewußtseinsbildende Seminare haben mir immer wieder einen Schritt weiter gezeigt, und jede Veränderung und jeder Schritt war ein neuer Sonnenstrahl.

Kurz nach Papas Tod wurde ich sehr krank. Ich hatte die Ruhr, eine böse Darmerkrankung, schließlich auch TBC und ein wenig später Typhus. Bei den Schuluntersuchungen wurde festgestellt, daß ich unterernährt war. Damit war ich nicht allein, denn viele andere Kinder waren ebenfalls unterernährt. Bei mir zu Hause mit Oma, Fritz und Mutti ist es immer sehr karg hergegangen, aber auch sehr diszipliniert und streng. Meine große Sehnsucht nach Zärtlichkeit, Kuscheln und Nähe wurde nicht befriedigt. Das Angebot an Zärtlichkeit war gering, meine Nachfrage groß. Ich streichelte Frösche und Katzen und berührte Bäume sowie mein geliebtes Fahrrad. Das Defizit an Zärtlichkeit beeinflußte mich nachhaltig, denn ich habe auch als erwachsene Frau lange gebraucht, um Nähe annehmen und genießen zu können. Erst meine Kinder gaben mir Mut zu Zärtlichkeit und Berührung. Mit meiner Mutter lebte ich immer nur auf höflicher Distanz. Nie gab es ein lautes Wort, aber auch keine Züchtigung. Ihre Anweisungen waren messerscharf, still und prompt meine Ausführung. Trotz dieser oft grauen Tage lachte ich gerne. Als meine Mutter einmal bemerkte, daß man am Lachen den Narren erkenne, lebte ich meine Fröhlichkeit eher außer Haus aus und versuchte, so oft es ging, von zu Hause fortzukommen. Ich wurde ein braves, folgsames Mädchen. So hatte meine Kindheit keine besonderen Höhen. Im Sport allerdings verausgabte ich mich total. Ich wurde eine gute Turnerin und Schwimmerin und spielte mit Begeisterung in einer Basketballmannschaft. Zu Hause wurde ich für Urkunden über gute sportliche Leistungen gelobt und auch belohnt. Durch meine sportlichen Leistungen wurde ich wahrgenommen.

Papas Familie geriet nach seinem Tod in große Armut. Es waren keine finanziellen Rücklagen vorhanden, und ein, zwei Jahre nach seinem Ableben mußte das Haus in Liebenau zwangsversteigert werden. Stefica stand mit den vier Kindern vor dem Nichts. Aber die Widrigkeiten des Lebens können auch stark machen, und es freut mich immer wieder zu sehen, daß wir fünf Geschwister unseren Weg gefunden haben, auch wenn es oft ein schwieriger war. Dazu fällt mir ein Bild aus der Natur, die ich sehr verehre, ein. Ich wohne in einem Wohnhaus im vierten Stock und habe einen Balkon. Eines Tages ist in einem Blumentrog ein Birkenbäumchen aufgegangen. Vielleicht hat ein Vogel oder der Wind seinen Samen gebracht. Jahr für Jahr wächst das Bäumchen und macht mir viel Freude. Ich denke, daß es auch mit uns Menschen so ist: ein Same wird ausgesät und bekommt die Chance, aufzugehen, zu wachsen zu gedeihen und sich zu entwickeln, wie immer auch die Bedingungen sind. Denn das Leben ist Bewegung, nicht Stillstand. Wie in der Natur sind auch wir den Lebensjahreszeiten unterworfen. Nicht umsonst ist die Natur unser größter Lehrmeister, auch wenn es in unserer technisierten, organisierten und zubetonierten Welt zunehmend schwerer fällt, sich auf die Natur zu besinnen, mit der Natur zu leben.

Während meiner zweiten Ehe habe ich mit meinem Mann und den Kindern in einem Dorf mitten in einem schönen Bergland gelebt und so das Wunder der Natur erleben dürfen. Das Stadtleben erlaubt Natur nur in kleinen Gaben. Auch wenn wir in Städten leben, sollten wir die Natur begreifen lernen und damit auch uns selbst, denn so wie wir die Natur bewundern und lieben, lieben wir auch uns selbst.

Letzte Nacht hatte ich einen Traum. Ich sah zwei hohe Felsen, beide Felsen waren ich und dazwischen war eine Schlucht. Tief in der Schlucht rauschte ein Fluß, der seltsam zweigeteilt war. Der eine Teil rauschte über Felsblöcke, der andere Teil floß ruhig dahin. Einer der beiden Felsen war kahl, dennoch hatte sich zarte Vegetation gebildet, die sich festklammerte und dem Wind trotzte, kleine Blumen blühten. Der andere Felsen stand in der Sonne, satte Wiesen erstreckten sich auf seinen Hängen, und eine laue Brise streichelte über die bunten, strahlenden Blumen. Es war nicht gefährlich, den Abhang zur Schlucht hinunterzublicken, und ich sah, wie das tosende Wildwasser sich mit dem ruhig dahinfließenden Wasser vereinte, wie die beiden Wasser gemeinsam durch die Schlucht flossen. Die Schlucht wurde breiter, und ich war plötzlich nicht mehr Felsen, sondern ein Teil des Flusses. Ich mußte mich noch durch die Felsen hindurchschlängeln. Das Tal wurde bald breiter und sanfter, und ich glitt mit dem Fluß weiter fort durch fruchtbare, weite Täler.

Der Traum hatte mich sehr aufgewühlt. Es war vier Uhr morgens als ich aufstand und zum Strand ging, um meine Gedanken zu ordnen. All die vielen Bücher fielen mir ein, die ich in den letzten Wochen und Monaten gelesen habe, Bücher über den Zweiten Weltkrieg, Bücher der Traurigkeit, der Angst, des Hasses, der Ohnmacht, voller Verlangen nach Gerechtigkeit, Sühne, Rache. An die unzähligen Worte des Leides, der Anklage, des Hasses, die ich darin fand mußte ich denken. Was aber ist mit den vielen

Millionen Menschen, die das Leid nicht hinausschreien oder wegschreiben konnten? Ist ihr Haß noch gespeichert, wird er und werden ähnlich negative Gedanken weiter getragen in die nächste Generation? Das erschreckt mich, denn jeder Gedanke ist Energie, ist Schwingung. Ich möchte die Menschen aufrütteln und laut hinaus schreien, daß sie ihren Haß in Liebe verwandeln sollen, denn Energie kehrt immer wieder zum Aussender zurück. Haß zerstört, und wer ihn weiterlebt, zerstört nicht nur sich selbst, sondern auch seine Umgebung, denn was man sät, wird man auch ernten. Es heißt nicht, daß wir die Greuel und Entsetzlichkeiten des Krieges vergessen müssen, aber sollten wir nicht endlich vergeben? Opfer und Täter, die auf allen Seiten zu finden sind, müssen einander vergeben. Vergeben ist kein Freispruch für alles was geschehen ist. Mehr als fünfzig Jahre sind seit diesem schrecklichen Krieg vergangen, und die Wunden sind noch immer nicht verheilt. Es hat beinahe fünfzig Jahre gedauert, bis wir über diese Jahre der Schande reden konnten. Erst die Generation der Kinder und Enkel konnte anfangen, die Trümmer der seelischen Zerstörungen aufzuräumen. Sie stehen nicht mehr unter dem direkten Einfluß der kollektiven Energie des Hasses, mit der Hitler den Kontinent in Finsternis getaucht hatte. Dennoch sind auch sie, genauso wie es ihre Eltern waren, in gewisser Weise Opfer dieser Zeit. So ist speziell die Generation der Nachgeborenen aufgerufen zu vergeben. Denn Vergeben hat mit Liebe und Loslassen zu tun und auch mit Verantwortung. Jeder ist aufgerufen, die Verantwortung zu übernehmen für die eigenen Gedanken und die eigene Schwingung der Liebe und

Toleranz bewußt zu leben. Jeder einzelne, egal welcher Nationalität, welcher Konfession, welcher Hautfarbe, ist aufgerufen und mitverantwortlich. Toleranz ist wohl das am meisten mißbrauchte Wort, dennoch möchte ich es hier einfließen lassen, denn Toleranz, verstanden als tatsächliche und ernst gemeinte Anerkennung der Meinung des anderen, bedeutet Einsicht, daß man selbst irren kann, bedeutet die Möglichkeit, daß der andere recht und man selbst unrecht hat. Toleranz bedeutet, den Menschen achten und annehmen wie er von der Schöpfung gedacht ist.

Es ist jetzt sieben Uhr morgens, ich bin wieder am Strand, um meinen allmorgentlichen Strandspaziergang zu machen. Die Sonne ist schon ein wenig höher gestiegen, und das silberne Band im Meer bewegt sich unter den leichten Wellen, die sanft dahin plätschern. Ich sitze wieder auf einem kleinen Felsen, und das Wasser unter mir umspielt den Stein. Ab und zu spritzt eine kleine Fontäne herauf zu meinen Füßen. Die Natur ist schon voll erwacht. Ich lasse den gestrigen Tag im Gedanken noch einmal vorbei ziehen.

Mein Schreiben, der Fluß der Worte war auf einmal wie abgebrochen. Ich spürte, ich mußte malen. Ich packte die Malutensilien aus und malte Sonnenblumen, immer wieder Sonnenblumen. Diese herrlich leuchtenden Blumen sind für mich das Sinnbild der Freude, des Lichtes und der Kraft. Im Vorgarten meines Appartementhauses stehen ein paar wunderschöne Pflanzen. Es ist erstaunlich, wie sie hier im Süden gedeihen. Der Hauptstamm kann bis zu drei Meter hoch werden und bis zu dreißig Blüten tragen, die sich der Sonne zuwenden. Meine Gedanken schweifen wieder ab von den herrlichen Blumen, kehren zu mir selbst zurück, stellen mich vor die Frage, was ich eigentlich will. Und mein Traum fällt mir wieder ein. Habe ich die zwei Felsen als Symbol erlebt, als Dualität meines Themas und der Themen aller Menschen? Sind die Felsen ein Symbol der Starrheit, der Muster in denen wir uns durch Erziehung und verschiedene Erlebnisse bewegen? In jedem Menschen lebt das Negative wie das Positive, und wir können es nicht verdrängen. Doch jeder hat die Freiheit, sich zu entscheiden. Beides sehen, Positives und Negatives, Hell und Dunkel, und sich entscheiden, das ist innere Freiheit.

Ich habe mich von meinem Felsen erhoben und wandere ohne Schuhe über den Kiesstrand, mit den runden, vom Meer abgeschliffenen Steinen in allen Farbschattierungen und Formen. Ein paar Tage der Gewöhnung braucht es, um darauf gehen zu können. Es ist eine herrliche Massage für die Füße. Wie ich mit den Zehen die runden Steine spüre, die sich in der Morgensonne schon warm anfühlen, sehe ich wieder Bilder meiner Kindheit.

Es regnete. Ein kalter Novemberregen fiel auf Graz, und es war eisig. Ich ging in die erste Klasse der Volksschule. Ich hatte Schuhe, wie man sie sich heute nicht mehr vorstellen kann. Sie waren aus bockigem, starrem Leder mit Holzsohlen, die abgeteilt waren, damit man gehen konnte. Die Teile dieser Sohlen wurden mit Lederflecken und Nägeln zusammengehalten. Wenn es sehr kalt war, kam Zeitungspapier als Einlage in die Schuhe hinein. So robust diese Schuhe auch waren, an jenem kalten Novembertag haben meine Schuhe nur noch aus Resten bestanden. Meine Oma befahl meinem Cousin Fritz, mich am Rücken in die Schule zu tragen, weil die Schuhe diesem Regen nicht standgehalten hätten. Ich fand das sehr lustig. An diesem Tag holte mich Papa nach dem Unterricht von der Schule ab und fuhr mit mir zu einem Schuster, wo ich wunderbare Seehundfellstiefel angemessen bekommen habe. Auch meine Geschwister bekamen welche. Eine der wenigen Erinnerungen an ein gemeinsames Erlebnis mit den Geschwistern ist ebenfalls eng mit diesen Stiefeln verknüpft. Ein Tag nach dem Weihnachtsabend ging Papa mit uns Kindern, Hans, Steffi, Gitta und mir, ins Kindertheater, „Das tapfere Schneiderlein" wurde gespielt. Dazu mußten wir die steile Sporgasse hinaufgehen. Da es ein seltenes Erlebnis war, so mit unserem Vater gemeinsam dahinzugehen, drängten wir uns immer wieder an ihn, um ein wenig von ihm zu spüren. Wir trugen unsere neuen Stiefel, die alle aus Spargründen um ein paar Nummern zu groß gemacht worden waren, damit wir noch hineinwachsen konnten und nicht so oft Geld für neue ausgegeben werden mußte. Es war nicht einfach, in diesen Riesenstiefeln Schritt zu halten, vor allem für die Kleinen, und bergaufwärtsgehen war fast Schwerarbeit, so als wären wir mit Siebenmeilenstiefeln unterwegs. Die Abenteuer des tapferen Schneiderleins, die wir zu sehen bekommen hatten, haben uns alle tief beeindruckt, und wir waren uns einig, mindestens ebenso tapfer zu werden.

Noch eine andere Erinnerung an meinen Vater kommt mir jetzt in den Sinn. Mein Bruder Hans und ich waren die „Größeren" der letzten fünf Kinder.

Wir durften Papa selbständig, ohne Begleitung Erwachsener, in seiner Stadtwohnung am Glockenspielplatz besuchen. Diese Besuche waren immer besonders aufregend, denn die Wohnung hatte für uns Kinder etwas Geheimnisvolles. Es gab eine Bauernstube, in der in der Mitte des Raumes ein Holzluster von der Decke hing. Der Luster bestand aus einem geschnitzten Holzring, auf dem geschnitzte Figuren, Männlein und Weiblein, saßen, und ein warmes Licht floß durch die bunten kleinen Lampenschirme. Das Wohnzimmer war für uns besonders interessant. Die Möbel erschienen uns ungemein kostbar. Ob sie es tatsächlich waren, kann ich heute nicht sagen. Es gab Stehlampen in Form venezianischer Mohren, die größer waren als ich. Diese Mohren hielten je eine Lampe, geformt wie eine Fackel mit Flamme, in einer erhobenen Hand. Die Gewänder der Mohren waren mit Blattgold geschmückt. Unser Ziel aber war das Badezimmer. Das war ein großer Raum, gefliest mit wunderschönen Kacheln, und einem Badebecken, das so groß war, daß wir einige Schwimmtempi machen konnten. Drei Einlaßhähne füllten das Becken. Bei meinen Nachforschungen habe ich auch die Räume dieser ehemaligen Wohnung, die jetzt natürlich nicht mehr besteht, aufgesucht. Das Badezimmer allerdings konnte ich wiedererkennen, denn an einigen Stellen wurden die Kacheln noch nicht entfernt. Diese Räume dienen jetzt einer Firma als Lager.

Ich muß an meinen Bruder Hans denken, der seit seinem achtzehnten Lebensjahr in Tasmanien lebt. Ich mochte ihn immer sehr. Er war jung und unbekümmert und voller Lust nach Abenteuer, als Anfang 1959 die Arbeitssituation in Österreich noch recht trist war und die Löhne und Gehälter noch zu gering, um aus der Enge der Familie ausbrechen und etwas Eigenes machen zu können. Da erfuhr er, daß die australische Einwanderungsbehörde in Österreich um Auswanderungswillige warb und ihnen Arbeit auf dem fernen Kontinent anbot. Die Kosten der Überfahrt wurden übernommen, doch mußte man sich vertraglich verpflichten, jede angebotene Arbeit anzunehmen und für zwei Jahre auszuüben. Hans ergriff die Gelegenheit. Gemeinsam mit seiner Freundin Inge machte er sich auf die Suche nach Festigkeit, Freiheit und finanzieller Unabhängigkeit. In Genua wurde eingeschifft, und Hans und Inge erlebten zusammen mit Gleichgesinnten eine wunderschöne Seereise, voller Erwartungen und Hoffnungen und dem Wunsch, etwas aufzubauen. Sie erreichten schließlich Sydney, von wo es nach Tasmanien weiterging.

Im Jänner dieses Jahres nun gab es nach neununddreißig Jahren das erste Wiedersehen für uns, da ich beschlossen hatte, ihn und seine Familie zu besuchen, um mit ihm auch über meine Entdeckungen zu sprechen. Als das Flugzeug zur Landung ansetzte, und ich meinem Ziel immer näher kam, war ich sehr aufgeregt und auch neugierig, ob ich ihn wiedererkennen würde. Mein Befürchtungen waren unbegründet. Ich bin jetzt noch berührt vom ersten Augenblick unseres Wiedersehens. Aus allen Wartenden erkannte ich ihn sofort. Plötzlich waren keine neununddreißig Jahre dazwischen, die Zeit, die Jahre waren gegenstandslos. Sein Charme, sein Lausbubenlachen, seine lustigen blauen Augen waren unverändert, und ich fühlte mich sofort zu Hause. Seine gesamte Familie stand am Flughafen, als ich landete. Hans und seine Frau Inge, fünf Kinder und sieben Enkelkinder, eine Großfamilie wie aus einem Bilderbuch. Alle waren zu meinem Empfang gekommen. Ich weinte vor Freude, Aufregung und Erwartung, mein Herz benahm sich wie ein dehnbarer, springender Gummiball, und in meinem Körper waren Tausende von Schmetterlingen.

Nach der ersten Wiedersehensfreude erzählte er mir, wie es ihm all die Jahre ergangen war, und ich war voll Bewunderung für ihn. Er war achtzehn Jahre alt gewesen, fast noch ein Jugendlicher, als er, gleich nach seiner Ankunft in Tasmanien, in einem Kupferbergwerk landete, inmitten eines karstigen, felsigen, wie eine Mondlandschaft anmutenden Tals. Da Hans und Inge nicht verheiratet waren, wurden sie am Anfang in getrennten Baracken untergebracht, denn es gab für Männer und Frauen eigene Unterkünfte. Hans erzählte, daß es für sie beide wie eine Probe war, und bald ist ihnen klargeworden, daß sie nicht nur Verliebtheit verband, sondern daß sie Verantwortung für einander übernehmen wollten. Hans und Inge heirateten, und nach den Jahren des Aufbaues kamen die Kinder. Sie konnten sich das erste kleine Häuschen kaufen, es ging aufwärts, und der Entschluß, in Tasmanien zu bleiben stand fest. Zehn Jahre hatte sich Hans keinen Urlaub genommen, und es schwang viel mit, als er sagte, er habe gearbeitet, gearbeitet und gearbeitet. Aber es sei ihm nichts abgegangen, und die Kollegen seien im gleichen Boot gesessen. „Ich wollte raus aus der Armut und der Enge unseres Zuhauses, und ich bin raus. Ich freue mich noch immer über jeden neuen Tag, und ich arbeite immer noch gerne." Hans war stolz auf sein Land, wie er es nannte, denn er hatte hier mit seiner Familie eine Heimat gefunden. Es war nichts Resignierendes in seinen Erzählungen, vielmehr spürte ich eine Welle von Energie, verbunden mit Freude und Begeisterung für das Leben. Heute befindet sich dort, wo einst das Barackenlager stand, eine kleine Stadt namens Queenstown mit den typischen Fertigteilhäusern, gepflegten Vorgärten, Sportanlagen, sogar einem Kino und drei Hotels. Die Kinder sind in Queenstown zur Schule gegangen. Ein wenig wurde die Gegend aufgeforstet, aber die tasmanische Regierung hat erkannt, daß diese karstige und doch einmalige Landschaft ein beliebtes Touristenziel ist, und die Einnahmen und das Interesse der Touristen tun der kleinen Gemeinde gut. Im Reiseführer hatte ich gelesen, daß an 350 Tagen im Jahr Regen fallen würde, und ich mußte feststellen, daß diese Behauptung durchaus zutraf. Während meines Aufenthaltes regnete es zwar nicht durchgehend, aber einige Stunden am Tag kam der nasse Segen schon herunter.

Hans konnte sich natürlich nicht die ganze Zeit um mich kümmern, da er ja auch zur Arbeit mußte. Er hatte einen angenehmen Arbeitsrhythmus – acht Tage Dienst, danach vier Tage frei. Ich nahm mir daher ein Mietauto, um Tasmanien auf eigene Faust kennenzulernen.

Es ist ein wunderbares Land voller Gegensätze. Fruchtbare Äcker, riesige Weiden für die Schaf- und Rinderzucht, Lavendelfelder, Regenwald und Tannenwälder wechseln sich ab. Kilometerlange unberührte Sandstrände und steile, bizarre Felsküsten, wo der Ozean heranbraust, bilden die Küstenlinie. Kein Mensch weit und breit. Stundenlang sah ich den Wellen zu, die Stille und Unberührtheit hat auch mich still werden lassen. In dieser Stille bin ich zu meinem Ursprung, zu mir selbst gekommen. Alle meine Erlebnisse und Prägungen liefen wie ein Film in mir ab, es war viel Heiteres, das ich sah, und das einst oft Traurige löste sich auf und flog mit dem Wind davon. Jetzt, hier in Griechenland, sitze ich an meinem Computer und schreibe. Oft gebe ich Notizen in die Ablage Papierkorb, benutze bereits fertiggestellte Kapitel, lösche Geschriebenes wieder, kopiere, füge ein, speichere, drucke aus, sehe es mir an, entscheide, ob es für mich stimmt. Ich erkenne, mit dem Computer ist es so einfach, einmal gelernt, kann man damit umgehen. Es gibt viele „Computer-Freaks", die seine Handhabung meisterhaft beherrschen, aber ich bin froh, daß ich mich einigermaßen mit ihm angefreundet habe, denn er ist mir eine große Hilfe beim Schreiben. Und ich denke mir, daß der Computer ein wenig wie wir selbst ist, daß er unserem Muster nachempfunden wurde. Die Hard- und die Software, die Festplatte mit ihrer Speicherkapazität, den Schubladen und Fächern, alles ist vorhanden – fast wie beim Menschen und seinem Gehirn – eines aber fehlt dem Computer. Auch wenn er bereits eine Stimme hat, so hat er doch keine Seele. Deshalb ist es auch so leicht, mit ihm umzugehen. Man kann einfach ein Thema aus der Ablage herausholen, sobald ich es aufrufe, ist es da. Wenn ich aus meinem Inneren ein Thema, das jahrelang verdrängt wurde, wieder heraushole und ins Bewußtsein bringe, es ansehe und entscheide, ob ich es ändere oder loslasse, ist das etwas diffiziler. Das macht mich nachdenklich. Auf meiner Reise durch Tasmanien und auch anschließend Australien, wo ich tagelang mit mir allein war, aber lernte ich, mit meiner Seele, meinem Selbst zu kommunizieren. Ich habe festgestellt, daß es gar nicht so schwierig ist, sondern im Grunde genommen so einfach. Warum brauchte ich bloß Jahrzehnte, um dies zu bemerken? Es ist „ein-fach".

Auf meiner Reise erlebte ich auch Trauriges. An der Westküste Australiens waren bei Strighton 65 Wale auf dem kilometerlangen Sandstrand gestrandet, von denen bis auf zwei Tiere alle verendet sind. Es war sehr traurig, den Überlebenskampf der Wale zu erleben. Die im Wasser so wendigen Tiere mit ihren schweren Leibern hatten nicht mehr die Kraft, wieder ins freie Wasser zu schwimmen und lagen hilflos im Sand. Zahlreiche Helfer versuchten verzweifelt, die Tiere mit Kränen oder verschiedenen anderen Methoden wieder ins Meer zu bringen, doch es war vergeblich. Als ich eine Erklärung für das seltsame Verhalten der Tiere wollte, meinten die Einwohner, daß die Atomversuche das natürliche Verhalten der Wale störe und beeinträchtige, sodaß sie fehlgesteuert reagierten und diese Küste nicht wie gewöhnlich im Oktober aufsuchten, wo die Strömungen und Verhältnisse der Sandbänke ganz anders wären, sondern, so wie eben damals, im Jänner. Ich war unendlich traurig und fragte mich, warum solche Dramen geschehen. Wissen wir Menschen überhaupt, was wir der Natur antun? Warum sehen wir diesen Zerstörungen zu? Ich sage bewußt wir, denn diese Ereignisse, die die Natur vergewaltigen, gehen uns alle etwas an. Es ist das Erbe, das wir unseren

Nachkommen weitergeben. Atomversuche, Aufrüstung, Umweltverschmutzung, zubetonierte Lebensräume, das sind gewaltige Wunden, die wir der Erde antun. Wir sehen die Erde nur als Objekt, das ausgebeutet, zerrüttet und geschunden werden kann. Wir sehen die Schöpfung leider getrennt von uns und nicht als ein Teil in und von uns selbst.

Immer wieder komme ich auf dieses Thema, das alles Leben durchdringt. Wir haben in der Schule gelernt, daß Energie nicht schwindet, daß sie sich nur wandelt. Jeder Gedanke ist Energie, und so erschaffen wir mit unserer intellektuellen, materiellen Unaufrichtigkeit, unter dem Motto „es wird schon gehen" eine Welt, in der die Bedingungen so sind, wie sie zur Zeit sind. Die Ausrede, selbst besser zu sein und die anderen als die Bösen zu bezeichnen und zu verurteilen, schafft wieder Energie. So wird – eigentlich im Kleinen – das gesamte Menschheitsbewußtsein erschaffen. Es ist sicher nicht möglich, die Ereignisse von einem Tag zum anderen zu stoppen, aber jeder einzelne kann seine innere Überzeugung ändern. Er kann seine Erlebnisse als Erfahrung auf seinem Entwicklungsweg betrachten. Nur neue Einsichten können uns von alten Fehlern befreien. Wenn wir bewußt erkennen, daß Gedankenenergien wieder zu uns zurückkehren, können wir uns und unsere Umwelt verändern. Tun wir das nicht, so bewegen wir uns auf einen langsamen, unerkannten Selbstmord zu. Die Muster sind bekannt: ich verdamme – es wird mich verdammen, ich verurteile – es wird mich verurteilen, ich denke Krankheit – und werde krank. Man kann diese Beispiele beliebig lange fortsetzen.

Ich erinnere mich in diesem Zusammenhang an eine Begebenheit aus meiner Kindheit. Meine Mutter hatte sich über eine arme Frau, die hinkte und ein Bein nachzog, sehr abfällig geäußert. Sie meinte, daß die Frau selbst an ihrem Leiden Schuld habe, und sie nannte sie eine „Hatscheluja". Als meine Mutter mit 52 Jahren einen Schlaganfall erlitt, und von dieser Zeit an das Bein nachzog und hinkte, kamen mir ihre Worte wieder in den Sinn.

Hans arbeitet noch immer im Kupferbergwerk in der Bergarbeiterstadt Queenstown. Er ist jetzt im Labor tätig und für die Gesteinsproben verantwortlich. An seinen Arbeitstagen lebt er in Queenstown in seinem mittlerweile dritten Haus. Es ist ein typisches Haus dieser Region und erinnert an die Vorstadthäuser der Jahrhundertwende. Ein Rosenbogen führt zum Eingang, der Dachfirst trägt ein wenig verschnörkelte, aus Holz geschnitzte Verzierungen. Alles ist weiß gestrichen. Die Inneneinteilung ist sehr praktisch. Ähnlich wie die Familienhäuser in Amerika bietet es genügend Raum für die ganze Familie. An seinen freien Tagen lebt Hans mit der Familie an der Nordküste in einem wunderschönen großen Haus mit Terrasse und Blick zum Meer. Die Kinder haben alle ein eigenes Haus in der Nähe. So können sie ein intensives Familienleben führen. Immer wieder tummeln sich alle im Haus der Großeltern. Es war schön, Hans inmitten seiner Enkelkinder zu sehen. Nicht nur seine Haare sind weiß geworden, auch seine Person strahlt Wissen und Weisheit aus. Ich genoß die Geborgenheit, die Familie, die Anteilnahme am Geschehen. Ständig herrschte Bewegung. Die Kleinen wollten mir alles zugleich zeigen. Oft saß ich mitten unter ihnen am Fußboden. Wenn Hans frei hatte, waren die Tage ausgefüllt mit Besichtigungen, Besuchen und Feiern.

Während meines Aufenthaltes hatte er auch einige Tage Urlaub. Die ersten Tage waren ein gegenseitiges Kennenlernen, ein Erzählen über die Familie und die alte Heimat. Am Anfang waren wir beide ein wenig befangen gewesen. Über allgemeine und unverfängliche Themen hatten wir uns einander behutsam angenähert, so als würden wir vortasten, ob der andere noch der war, den man kannte und in Erinnerung hatte. Täglich um sechzehn Uhr fuhren Hans und ich zum Strand. Das Meer war kühl und sehr bewegt und zum Schwimmen nicht sehr einladend. Aber das war uns ganz recht. Wir gingen einfach ziellos den langen Sandstrand entlang und redeten und redeten bis die Sonne unterging und der kalte Wind uns daran erinnerte, daß Inge zu Hause mit dem Essen auf uns wartete. Es waren immer drei Stunden, die wir unterwegs waren, aber es kam mir jedesmal vor, als wären nur Momente vergangen. Wir redeten über uns, unser Leben, aber immer kamen wir auf unsere Kindheit zurück. Es war wie ein innerer Zwang. Als ich Hans von meinem Vorhaben erzählte, über Papa zu schreiben, da wollte er vorerst nichts davon hören. Er wollte nicht über Papa sprechen. Er hatte die Erinnerung an die Geschehnisse um Papa ebenso verdrängt und negativ besetzt wie unsere anderen Geschwister. Es war viel Bitterkeit und verdrängte Traurigkeit in seiner Ablehnung zu spüren. Vater ist nie greifbar gewesen. Er war selten zu Hause, und wenn er dann doch einmal da war, hatte er keine Zeit für die Kinder. Er war nervös, fahrig und immer am Sprung. Und immer waren viele Menschen im Haus. Dann gab es auch die Geheimnisse um die Gefängnisaufenthalte und schlußendlich seine Krankheit und sein Tod. All das hatte verunsichert. Hans verweigerte sich aus dieser bitteren Erinnerung heraus vorerst, er wollte weder über Papa nachdenken, noch über ihn sprechen. Doch wir hatten Zeit. Ich begann, ihm von meinem Buch und meinen Recherchen zu erzählen. Durch unsere vielen Gespräche begann das Bild von einem Vater, der nur „schlecht" war, zu verblassen. Ich spürte, wie sich Schichte um Schichte löste. Ich weiß, es tut weh, denn es ist, als verkleben kleine Häutchen, die dann mit einem Ruck und einem Brennen gelöst werden. Es geht nur ganz langsam und behutsam, bis man zur Mitte, ins Zentrum kommt. Und immer wieder stand Hans, so wie ich bei meinen Recherchen, vor der Frage nach der Person unseres Vaters, der, wie sich herausstellte und herausstellen sollte, in gewisser Weise doch ein Unbekannter gewesen ist.

Wir wußten, daß Papa den Ruf eines korrupten, undurchsichtigen Geschäftsmannes, eines Lebemannes und Abenteurers gehabt hatte. Hans war verwundert, warum gerade ich Papa von diesem Image befreien wollte und nicht die älteren Geschwister, die ihn doch viel besser gekannt und erlebt hätten. „Du warst die, die am weitesten im Eck stand." Er hatte recht, es war für mich als Kind nicht angenehm gewesen, bei Stefica, seiner Mutter, nur geduldet zu sein. Aber ich hatte nichts anderes gekannt, und deshalb ist ihr Verhalten für mich normal gewesen. Bewußt ist mir dies erst viel später geworden. „Weißt du Hans, ich kann deine Mutter heute sehr gut verstehen. Es war für sie nicht einfach, vergiß nicht, ich bin nur fünf Wochen jünger als du. Welche Frau würde das großzügiger wegstecken? Sie war immer fair zu mir, Liebe konnte man in so einem Fall sicher nicht erwarten." Hans hatte nie darüber nachgedacht, aber es fiel ihm doch auf, daß unsere Mütter Freundinnen gewesen sind. Zumindest war dies sein Eindruck als Kind. Ich gab ihm recht, doch meinte ich, daß es besser sei zu sagen, daß sie sich geschätzt und gut verstanden haben. Heute weiß ich auch, daß sie gute Gründe hatten, sich nicht als Gegnerinnen zu sehen. Aber ich wollte das Gespräch wieder auf Papa zurückbringen. „Bleiben wir vorerst bei Papa und dem Thema Judenschmuggel, wie es genannt wurde. Erinnerst du dich? Ich habe immer wieder den Kontakt zu euch gesucht. Meine Oma, die Mutter von Mutti, unterstützte mich dabei. Die Zeit von Papas Tod bis zu meinem zwölften Lebensjahr hatten wir ja fast keine Verbindung. Nur unsere Mütter trafen sich gelegentlich. Mit zwölf Jahren bekam ich dann ein Fahrrad, und damit begann eine herrliche Freiheit, denn ich konnte euch wieder besuchen." Hans erinnerte sich, daß das Haus in Liebenau durch Papas Untersuchungshaft und Krankheit hoch verschuldet war. Es hatte keine Einnahmen gegeben. Die Wohnung am Glockenspielplatz war schon vor Papas Tod aufgelassen worden. 1951, zwei Jahre nach seinem Tod, wurde das Haus zwangsversteigert. Die Familie ist vor dem Nichts gestanden. Stefica bekam mit den vier Kindern eine kleine Sozialwohnung. Da sie keinerlei Unterstützung oder Rücklagen hatte, mußte sie eine Nachtarbeit annehmen, damit die Kinder einigermaßen versorgt werden konnten. Mit „nichts" begann der Wiederaufbau. Hans zögerte: „Ich denke nicht gerne an diese Zeit. Ich war mit Schule, Lehrzeit und meinen Geschwistern beschäftigt. Ich glaube, ich habe alles verdrängt und wollte nie wieder darüber sprechen. Vor einem Jahr ist unsere Schwester Steffi hier in Tasmanien zu Besuch gewesen. Es war eine schöne Zeit, aber wir haben nur über die Zeit seit meiner Abreise aus Österreich gesprochen und über die Gegenwart, aber niemals über Papa."

Hans und ich, wir schafften es, über Papa zu reden. Doch nicht alle unsere Erinnerungen waren traurig oder schmerzhaft. Es fielen uns auch lustige Begebenheiten ein, die Zeit der Tanzschule, Erlebnisse im Schwimmbad, am Eislaufplatz, wo wir genau aufpaßten, wer mit wem verbandelt war. Auf unseren Wanderungen wurden wir wieder Kinder und lachten oft und viel. Aber das Thema Papa holte uns immer wieder ein, und ich erlebte bei Hans die Erleichterung, von einem Vater zu hören, der auch viel Gutes getan hat.

Auch für mich hatte sich eine neue Welt aufgetan, als ich mit den Nachforschungen anfing und in sachliche Dokumente einsehen durfte. Das Bild des Vaters begann langsam Konturen anzunehmen. Ich konnte ihn fassen in den Dokumenten und Schriftstücken der gerichtlichen Prozesse, die minutiös aufbereitet worden waren und worin Papa bis in seine Intimsphäre zerpflückt worden war. Erstmals hatte ich es schwarz auf weiß. Papa hat sich von 1938 bis 1941 als sogenannter „Judenschlepper" betätigt. Er soll 120.000 Menschen außer Landes gebracht haben. Zweimal wurde ihm wegen seiner Tätigkeit der Prozeß gemacht. 1941 von der Gestapo, die ihn wegen

52

Devisenvergehens anklagte. 1947–1948 stand er abermals vor Gericht. Diesmal war er von Juden angezeigt worden. Die Anklage lautete auf Bereicherung an jüdischem Eigentum und Mißhandlung von Juden.

Es klingt fast unglaublich, aber als ich diverse gerichtliche Schriftstücke vom Prozeß 1947–1948 las, da stieß ich immer wieder auf meinen Mädchennamen (Name ist dem Verlag bekannt). Das war der Name der Schriftführerin bei den Verhören in der Untersuchungshaft. Da fiel mir ein, daß meine Firmpatin nach dem Krieg am Landesgericht angestellt war. Als ich sie aufsuchte und fragte, bestätigte sie meine Vermutungen. Endlich konnte ich mit jemanden reden, der meinen Vater persönlich gekannte hatte, und der nun so warm und herzlich von ihm sprach, ganz anders als etwa die Verwandtschaft Papas, die kaum ein gutes Haar an ihm gelassen hat. Meine Patin konnte sich noch gut an Papa erinnern und auch an die Verhöre in der Untersuchungshaft. Als ich sie fragte, warum sie mir nie davon erzählt habe, erklärte sie, daß sie doch mit dem Bruder meiner Mutter verheiratet war und wußte, daß darüber nicht gesprochen werden sollte. Ich war sehr glücklich, daß ich nun doch alles erfahren sollte. Ich verbrachte einige Tage bei ihr, und ihre Berichte taten mir sehr gut und halfen mir, denn sie sagte mir einmal: „Ich konnte nie verstehen, warum die Familie so reagiert hat. Ich bewunderte deinen Vater, er war ein großartiger Mensch." Sie kam richtig ins Schwärmen. „Er war von Gestalt kein großer Mann, auch nicht das, was man sich unter einem schönen Mann vorstellt, aber er hatte einfach Charme. Er konnte so lebhaft erzählen, daß ich es immer bedauerte, wenn die Verhöre zu Ende waren. Und er strahlte den guten Abenteurer aus, es war oft wie in einem Film. Viele Monate durfte ich die Verhöre und Zeugenaussagen mitschreiben. Die Richter waren gezwungen, den Fall auf Grund von Anzeigen durchzuziehen."

In der kindlichen Seele werden alle Erlebnisse gespeichert. Einiges bleibt an der Oberfläche, einiges wird verdrängt. Die Speicherung zwingt oft, ein unbekanntes Muster zu leben, es prägt unser Verhalten, bis wir bereit sind und auch die Möglichkeit finden, Verdrängtes ins Bewußtsein zu holen. Hans war ein großartiger Gesprächspartner: Hans hörte hin, er war kein Zu-hörer. Hans hatte selbst auch so alle Höhen und Tiefen erlebt. Meine Hoffnung war, daß Hans vielleicht aus seiner Erinnerung einiges dazu beitragen konnte, ein wenig mehr Licht in die Geschichte zu bringen.

Und so begann ich zu erzählen aus der Zeit, wo wir wenig Kontakt miteinander hatten. Ich erzählte Hans von meiner Einsamkeit und meiner Sehnsucht nach Zugehörigkeit, von meinen Ehen. In die erste Ehe ging ich mit siebzehneinhalb Jahren. Ich war zu dieser Zeit wieder einmal sehr verliebt, und meine Suche nach Geborgenheit hatte sogleich Folgen, denn ich wurde schwanger. Wie Hans hatte auch ich bereits die Ausreisepapiere für Australien zu Hause. Ich wollte mit ihm nach Tasmanien gehen. Doch vor dem achtzehnten Lebensjahr konnte man die Ausreisepapiere nicht einreichen. Da traf mich die Diagnose, daß ich im dritten Monat schwanger war wie ein Keulenschlag. Ich sah alle meine Träume zerstört. Der Arzt, der meine Verwirrung und mein Erschrecken sah, bot mir an, eine verbotene Abtreibung vorzunehmen. Auch wenn ich verwirrt war, eines wußte ich, daß eine Abtreibung auf keinen Fall in Frage kam. In mir war ein Sturm von Gefühlen und Gedanken ausgelöst worden: Angst, Scham, Verlust der Freiheit, die Tatsache, daß ich ledig war, Sorge und Zorn, aber auch unbekannte Freude. Der Wirbel der Gefühle schmiß mich umher wie ein Blatt im Wirbelsturm. Als ich meiner geliebten Oma von meinem Problem beichtete, warf sie mich im ersten Zorn hinaus. Einen Tag lang rannte ich durch Graz. Ich war wie vorhanden und doch nicht vorhanden. In meinem Kopf dröhnte es nur, „du bekommst ein Kind, du bekommst ein Kind". Als ich zur Radetzkybrücke kam, blieb ich verzweifelt stehen, unfähig, einen klaren Gedanken zu fassen. Ich konnte es nicht begreifen, daß meine Oma, von der ich noch nie ein böses Wort gehört hatte, mich vor die Türe gesetzt, mich rausgeworfen hatte. Sie hatte mich genauso wie meine Mutter verlassen. Meine Mutter hatte nämlich geheiratet, als ich vierzehn Jahre alt war und ist mit ihrem Mann in ein anderes Bundesland gezogen. So stand ich nun auf der Brücke, der Fluß unter mir war schmutzig und träge. Verschwommen sah ich ihn. Ich heulte und erzählte ihm mein Leid. Ich sah mich in einem Drama und sogleich gebar ich den Wunsch, mich hinunterzustürzen, damit ich alle Sorgen los wäre. Eine Zeitlang mußte ich diese Gedanken wohl gesponnen haben. Mein verletztes Ego stand in meinem „Drama" als tragischer Held auf der Bühne, doch mitten im Akt begann ich zu lachen. Ich lachte und lachte über mich, denn es war mir plötzlich klar geworden, daß ich eine ausgezeichnete Schwimmerin war. Wie oft war ich durch einen Fluß geschwommen und hatte mich mit den Wellen und Strömungen gemessen. Ich höre noch heute, wie ich zu mir sagte: „Du dumme Gans, du kannst doch niemals untergehen", und meine Heiterkeit schob alle Ängste weg. Mein Selbsterhaltungstrieb gewann seine Macht zurück. Ich spürte das wachsende Leben in mir, ging in den Park, wo ich als Kind das Huhn hüten mußte, überlegte klar und erklärte meinem Kind, daß ich es immer lieben und für es leben werde. Ich wußte, daß es ein Sohn werden würde, und es war so. Diese Begebenheit fällt mir jedesmal wieder ein, wenn ich Graz besuche und über diese Brücke gehe.

Montag, Ende Juli 1998

Auch frühmorgens hat die griechische Sonne schon Kraft und läßt ahnen, wie heiß dieser Tag werden wird. Es ist windstill, das Meer liegt ruhig wie ein Spiegel, nur ein sanftes Plätschern gegen den fast weißen Kiesstrand ist zu hören. Ich zelebriere mein tägliches Morgenspiel. Mit der offenen Hand, die Augen geschlossen, fühle, taste ich über den Kies, bis ich einen Stein erfühlt habe. Er ist für mich der ganze Kiesstrand. Der Stein ist ein wenig rauh, seine Hauptfarbe ist rosa und hat glitzernde silberne und schwarze Einschlüsse. Er ist anders als die anderen Steine, die ringsum liegen, denn diese sind weiße, reine, strahlende Steine. Ich sehe mir meinen Stein genau an und bekomme eine Botschaft, sehe in inneren Bildern eine Freundin vor mir, die an Lungenkrebs erkrankt ist. Vorsichtig lege ich den Stein zurück. Es ist wie eine Aufforderung, heilende, liebevolle Gedanken zu senden, denn unsere Gedankenkraft ist Energie. Ich sehe meine Freundin als lachende, freie, junge Frau inmitten einer Blumenwiese, ich fühle nach einem weißen Stein, er ist schon warm von der Sonne, und sende ihr dieses Symbol mit Liebe, Licht und Segen.

Hans versuchte schon früh auszubrechen, schon in Graz. Er tobte sich aus, wie er es nannte. Sehr diskret sagte er, er sei von vielen meist sehr reifen Frauen in die Liebe eingeführt worden. Die Vorwürfe zu Hause, er würde in Papas Fußstapfen treten, verwirrte ihn. Zuwenig wußte er von „Papas Fußstapfen", er wollte seine eigenen Tritte gehen. Er fragte mich, ob ich mich noch an eine Begegnung im Stadtpark erinnern könne. Er hatte eine Nacht durchgemacht und wollte lieber nicht nach Hause gehen, daher hatte er sich auf eine Parkbank gelegt. „Es war am Morgen, plötzlich bist du, die ordentliche Schwester, mit deinem Ehemann vor mir gestanden, du warst schon recht schwanger und viel zu freundlich. Und du hast mich noch gefragt, ob es mir wohl gut gehe. Mit meinem umnebelten Kopf habe ich nur Scham wahrgenommen als ich sagte, daß alles in Ordnung sei oder Ähnliches." Durch die Erzählung kam auch in mir die Erinnerung an einige Episoden. Wir ließen uns zurücktreiben in die Vergangenheit, und wir lachten herzlich. Es ist interessant, wie verschieden wir jenes gemeinsame Erlebnis empfunden haben. Ich hatte diese Geschichte längst vergessen und nichts Seltsames daran gefunden. Es war nicht kalt gewesen, und Hans hatte eben auf einer Parkbank geschlafen. Aber für Hans war bis zu unserem Gespräch immer ein Schamgefühl in der Erinnerung da. Diese Sturm- und Drangzeit war wie ein frischer Frühlingswind, der sich nicht aufhalten ließ, und doch hat er uns in total verschiedene Lebensformen gefegt. Wir hatten uns als Kinder immer wie Zwillinge gefühlt, da ja Hans nur fünf Wochen früher Geburtstag hat. Doch nach dieser Begebenheit im Park verließ Hans bald darauf Graz in Richtung ungewisses Tasmanien, und ich bekam meinen Sohn. So haben sich unsere Wege getrennt.

Die letzten Monate meiner Schwangerschaft lebten mein Mann und ich bei meiner Großmutter, Papas Mutter. Sie hatte in der Münzgrabenstraße, einige Häuser von Papas ehemaligem Anwesen entfernt, eine Gärtnerei. Gänse, Hühner, Schweine und auch eine Ziege gehörten dazu. Für mich war sie die Großmutter mit den großen Augen. Sie litt an einer Starerkrankung und mußte eine sehr dicke Brille tragen, dadurch wirkten ihre Augen riesig und schienen alles zu durchdringen. Sie war für mich die Großmutter, während ich meine Großmutter mütterlicherseits Oma nannte. Wenn ich vom Büro heimkam, gab es im Garten viel zu tun. Großmutter brachte täglich frühmorgens ihr Gemüse zum Markt. Es war Herbst, Zwiebel wurde zu Zöpfen gebunden, Petersilie gebündelt, alles mußte seine Ordnung haben. Für mich war es die Chance, mit Großmutter über ihren „Pepi" zu reden. Voll Zärtlichkeit und Trauer war ihre Stimme, immer wieder sagte sie, daß ihr Bub zu früh gegangen sei. Ein „Tausendsakra" sei er gewesen, so begabt, alles habe er können. Nur Sitzfleisch habe er keines gehabt, immer hätte sich etwas rühren müssen. Sein Kopf sei voller Ideen gewesen. Die Zeiten seien schlecht gewesen, aber Pepi habe immer etwas unternommen. Von 1920–1930 habe er einen Landesproduktenhandel betrieben, Obst und Gemüse gekauft und wieder weiter verkauft. Auch das Gemüse der Gärtnerei habe er mit Lastwagen nach Wien gebracht und oft am Schwarzmarkt verkauft. Frauen seien immer um ihn gewesen, sie seien ihm richtig nachgelaufen. Er habe es sich nicht leicht gemacht, denn er sei so jung gewesen, als er Vater wurde. Die Freundin habe ihm einfach das Kind vor die Türe gelegt und sei verschwunden. Er sei damals erst zwanzig Jahre alt gewesen. Gemeinsam, sagte Großmutter, hätten sie das Dirndl aufgezogen. Gleich darauf sei er wieder Vater geworden, diesmal von einem Sohn. Aus sei der Traum vom Auswandern nach Amerika gewesen. Er habe eine Geflügelfarm aufgemacht, um seßhaft zu werden. Die erste österreichische Lohnbrutanstalt habe er gegründet. Andere Leute haben ihm die Eier gebracht und gegen Bezahlung seien die Eier in der Anstalt ausgebrütet und die Kücken wieder abgeholt worden. Die Lohnbrutanstalt sei am Glockenspielplatz und die Hühnerfarm in der Münzgrabenstraße gewesen. Das Geld sei ihm locker gesessen, wie er es verdient habe, habe er es wieder ausgegeben. Politisch habe er sich nie betätigt, aber alle, die Nazis, die Gestapo und die „Möchtegerne" hätten mit ihm gefeiert und ordentlich die Hände aufgehalten und abkassiert. Er sei irgendwie von ihnen abhängig gewesen, habe sie immer gut bei Laune gehalten. Später, ab 1938, hätten ihm die verzweifelten Juden Schmuck und Brillanten gebracht, damit er ihnen helfe, nicht nur das Leben zu retten, sondern auch Schmuck und Vermögen über die Grenze zu bringen. Oft habe er es gar nicht so schnell wegschaffen können, wie die Zollfahnder da gewesen seien und alles mitgenommen hätten, auch Dinge, die dem Pepi selbst gehört hätten. Sie habe oft Angst gehabt um ihren Pepi. Er habe immer gelacht und sei überzeugt gewesen, daß alles, was er mit dem Herzen mache, gesegnet sei. Aber es habe ihm keinen Segen gebracht, dem Pepi. In jener Zeit sei nichts gesegnet gewesen. Verstohlen hat sie ihre Nase geputzt, denn sie wollte sich nicht erlauben, Rührung zu zeigen.

Durch meine frühe Ehe und Mutterschaft lebte ich fortan wie in einem Gang, links und rechts Mauern, oben offen. Die Sonne und der Regen ließen mich leben, und ich war von dem Gedanken durchdrungen, eine gute Mutter und Hausfrau zu werden. Meine beiden Großmütter waren meine großen Vorbilder. Selbst noch ein Kind, wollte ich die Liebe, die ich mir so sehnlichst gewünscht hatte, meinem Sohn geben. Ich stülpte meine Vorstellung von Liebe meinem Kind und auch meinem Ehemann über. Wir waren in eine winzige Dachwohnung gezogen. Da wir es uns nicht leisten konnten, daß ich meine Arbeit aufgab, versorgte meine Oma tagsüber liebevoll meinen Sohn. So hetzte ich frühmorgens mit dem Kind zu Oma, dann zur Arbeit und abends wieder zu Oma, um das Kind holen. Zu Hause wartete die Hausarbeit – Windeln waschen, kochen, bügeln. Die Erleichterungen der heutigen Zeit gab es damals nicht. Es gab keine Waschmaschine oder Wegwerfwindeln, Wasser und Toilette befanden sich am Gang. Als ich den ersten Kühlschrank kaufte, fühlte ich mich unendlich reich. Unsere Wohnung, knapp unter dem Dach, wurde im Sommer zum Backofen und im Winter zur Eishöhle. Eine Auswahl an Wohnungen oder Förderungen für junge Paare gab es nicht. In Ämtern stieß ich immer wieder an glatte Wände, weiß und kühl. Ich war nicht nur jung, ich sah auch noch jünger aus als ich tatsächlich war. Bemerkungen wie, Kinder sollen keine Kinder machen, lösten unser Wohnungsproblem auch nicht. Aber es ging stetig aufwärts, wir waren gesund und fleißig.

Hans hatte in den Jahren des Aufbaues fast keine Verbindung in die Heimat und zur Familie. Briefe zu schreiben war nicht seine Stärke, denn ich bekam nie eine Antwort auf meine Briefe. Unsere Verbindung war wie abgeschnitten. Jetzt endlich hatten wir Gelegenheit, über alles zu sprechen. Wir stellten nun Fragen über Fragen. Immer tiefer gingen unsere Fragen. Wir überlegten, warum und wann etwas geschehen und wer daran beteiligt gewesen war. Ja und Papas Geschichte wurde Thema Nummer eins. Wir sind sogenannte Kriegskinder, gezeugt in einer Zeit, wo der Staat Kinder brauchte und wollte, aber sie mußten „arisch", sie mußten „normal" sein. Wir konnten uns beide nicht vorstellen, daß wir Wunschkinder waren. Die Mutter von Hans war bei seiner Geburt noch nicht mit Papa verheiratet, und meine Mutter war in ihrem Pflichtjahr beim BDM (Bund Deutscher Mädel) bei Papa als Sekretärin angestellt. Was ich aber erst seit einigen Jahren wußte, war, daß in dieser Zeit eine Wiener Jüdin Papas große Liebe gewesen ist. Als ich Hans davon berichtete, lachte er und fand nichts dabei, denn es sei bekannt gewesen, daß Papa gern schöne Frauen gesehen und sie verwöhnt habe. Hans konnte es kaum glauben, daß eine Liebe zwischen Ariern und Juden verboten gewesen ist, und die Liebenden dafür mit dem Tod bestraft werden konnten, denn ein Verhältnis mit einer Jüdin oder einem Juden wurde als übelste Rassenschande angesehen. Papas große Liebe war also eine heimliche, und ich weiß, daß sie nicht ohne Folgen geblieben ist.

Bei meiner Beschäftigung mit dieser dunklen Zeit hat sich mir eine Frage aufgedrängt: Warum haben wir in der Schule im Geschichtsunterricht nichts über die Zeit des Zweiten Weltkriegs und die Zeit davor und danach, nichts über die Entstehung des Übels gelernt? In meiner Schulzeit war der Geschichtsunterricht mit dem Ersten Weltkrieg zu Ende. Obwohl ich immer in Österreich gelebt habe, ist mir das Ausmaß dieser unmenschlichen Greueltaten, die vom NS-Regime begangen worden sind, erst in den letzten 25 Jahren bekannt geworden. Die Jahre des Nationalsozialismus und all die begangenen Untaten sind totgeschwiegen worden, aus Angst oder Scham, aus Unkenntnis oder Beteiligung. Ein Teil der Menschen war wie „hirngelähmt". Sie haben die Vergangenheit verdrängt. Mit Scheuklappen ausgestattet, haben sie nur den Blickwinkel auf das eigene Wohlergehen gehabt. Auch ich brauchte einige Zeit, um zu begreifen, denn erst vor circa 25 Jahren habe ich diese Schuld erkannt und begonnen, Fragen zu stellen. Ich wollte lange Zeit nicht glauben, was ich da zu hören bekam, und ließ mich immer wieder bereitwillig durch jeweilige aktuelle Ereignisse ablenken.

Freitag, Anfang August 1998

Eben habe ich neue Bilder, die ich gemalt habe, an die Zimmerwand gehängt, und ich spüre eine tiefe Freude. In den letzten Tagen habe ich mich jeweils am späteren Nachmittag mit der Architektur in einem strahlend weißen Kykladendorf auseinandergesetzt. Es war so heiß, daß mir der Blick oft verschwamm, auch wenn ich den schattenspendenden Schutz von Erkern und Nischen suchte. Dieses Weiß, diese Architektur ist für mich eine Symbiose aus Brauchtum, Verspieltheit, Schutz vor Angreifern, Sauberkeit, gelebter Schönheit und dem Versuch, der Sommerhitze zu entkommen. Keine Mauer ist gerade, obwohl es den Anschein hat, als haben die Baumeister mit dem Zirkel gearbeitet. Auch wenn es so scheint, als wäre ihr Zweck, einzig und allein die Schönheit und der Wille, das Auge des Betrachters zu erfreuen, so hat doch jedes kleinste Mäuerchen seine Funktion. Verspielt angeordnet sind Vasen und Blumentöpfe. Vor einigen Tagen kam ich in ein Dorf mit einem weiten Platz, auf dem viele Menschen damit beschäftigt waren, die Umrandungen der Steinplatten am Boden neu zu streichen. In gebückter Haltung, alle einen weißen Farbtopf vor sich, bemalten sie gemeinsam ihren Dorfplatz neu. Dort, wo keine Steinplatten waren, ließen sie ihrer Phantasie freien Lauf und malten Musterumrandungen. Am nächsten Tag wurde dann das Fest eines Heiligen gefeiert. Die alten Frauen mit schwarzen Kleidern saßen am Rand des Platzes und waren mit der Arbeit für den Heiligen zufrieden.

Ich erzählte Hans, der als Achtzehnjähriger in einer Zeit des betroffenen Schweigens Österreich als ein Unwissender verlassen hatte, die Geschichte dieser entsetzlichen und grausamen Menschenverfolgung. Aber ich war auch etwas verunsichert, denn ich wußte nicht, ob es richtig war und ist, all dies wieder hervorzuholen und aufzuwärmen, diese furchtbare Energie wieder in den Raum zu stellen. Hans, dem ich meine Überlegungen mitteilte, meinte leise, daß auch in Australien und Tasmanien viel Böses geschehen sei mit den Ureinwohnern, den Aborigines. Die Menschen trügen heute noch Scheuklappen vor den Augen und würden sich als Retter und Helfer darstellen, wo sie doch eigentlich Täter gewesen seien. Sie haben den Eingeborenen Australiens alles genommen, und somit auch ihren Lebenssinn. Wo, fragte er, liege da der Unterschied?

Lange Zeit waren wir still. Ich versank, wie so oft, in eine Trauer, die wie eine hohe Wand vor mir stand. Wir gingen lange dahin und sprachen kaum, jeder in seinen Gedanken versunken. Die Sonne war inzwischen hinter dem Berg verschwunden, es war finster geworden, und ein kalter Wind erinnerte uns daran, daß Inge, ein gutes Essen und die Kinder zu Hause auf uns warten. Erst im Auto fanden wir wieder Worte. Ich mußte Hans dies alles erzählen, damit er Papa verstehen konnte und später auch meine Geschichte.

Stunden später, die Kinder und Enkel waren schon gegangen, saß ich mit Hans noch beisammen. Meine Berichte haben ihn nicht losgelassen. „Warum", fragte er kopfschüttelnd, „haben die Menschen sich das alles gefallen lassen, warum haben sie sich nicht gewehrt? Hier in Australien waren es Eingeborene, die übertölpelt wurden und der sogenannten ‚Zivilisation' nicht gewachsen waren. Aber die Menschen zu Hause waren doch zum Großteil Akademiker, Menschen mit angesehenen Berufen, Handwerker, Ärzte, Juristen, Wissenschaftler, Lehrer." Sehr oft habe auch ich mir diese Frage gestellt. War es die lähmende Schwingung der Angst, die sie schweigen ließ? Die Juden waren viele und doch, so scheint es, zu wenige, um sich zu wehren. Viele Deutsche und Österreicher wußten nicht, was sie taten, als sie den Nazis als gehorsame Marionetten, als erfolgreiche Beamte oder als pflichtbewußte Soldaten dienten. Die Nazis haben Angst als System verbreitet. Angst ist eine sehr negative Schwingung, die nicht produktiv sein kann, Angst führt als Gesamtschwingung zu einer Lähmung. Eigentlich müßte man jetzt die Frage stellen, ob wir uns verändert haben, ob wir jetzt mutiger geworden sind oder ob wir uns noch immer von unseren Ängsten leiten lassen, wie die Generationen vor uns, auch wenn die Bedrohungen jetzt andere geworden sind. Viele Menschen haben Angst vor atomarer Aufrüstung, dem atomaren Wahnsinn, vor dem katastrophalen Umweltproblem. Obwohl es alle betrifft, tun wir kaum etwas. Natürlich gibt es vereinzelte Kämpfer und Idealisten, so wie damals, aber die meisten von uns wollen nicht hinhören. Wir lassen uns von Politikern und Medien Täuschungsmärchen erzählen. Wir beteuern sogar, keine Angst zu haben, um nicht hinsehen zu müssen. Wir schauen weg, um nicht handeln zu müssen. Wir passen uns an, aus Angst vor gesellschaftlichen, beruflichen und materiellen Nachteilen. So schließt sich der Teufelskreis. Es liegt an uns, die Energie der Angst loszulassen. Dies aber kann nur durch Verantwortung und Liebe geschehen, durch Wachsamkeit und Freude.

Das Drama des Antisemitismus begann nicht erst mit der Machtübernahme der Nationalsozialisten, seine Wurzeln reichen weit in die Geschichte zurück. Hitler hatte in seinem Buch „Mein Kampf" (1925/26) gegen die „hebräischen Volksverderber" aufgehetzt und brutal und ohne Gewissen geschrieben, daß es schon im Ersten Weltkrieg versäumt worden sei, diese „Schurken" zu ermorden. Bereits 1920 wurde von Adolf Hitler das Parteiprogramm der NSDAP verabschiedet und 1926 für unabänderlich erklärt, indem es u. a. hieß: „Staatsbürger kann nur der sein, wer Volksgenosse ist. Volksgenosse kann nur der sein, wer deutschen Blutes ist, ohne Rücksicht auf Konfession. Kein Jude kann daher Volksgenosse sein." Es war nicht nur Hitlers Idee, „einen reinen arischen Menschen" zu erschaffen, er hatte viele Helfer. Sieben Jahre später hat die von Hitler angeführte nationalsozialistische Bewegung durch einen geschickten Staatsstreich, nicht durch demokratische Wahlen, die Macht in Deutschland übernommen[1]. Da nahm das Übel Formen an. Hitler wurde von vielen Anhängern als öffentlicher Abgott hingestellt, als Messias, der dem Volk Erlösung bringen würde, als Gründer des Tausendjährigen Reiches. Doch Hitler war nicht allein, viele Tausende Helfer dienten ihm als Vollstrecker. Der lodernde Haß gegen Juden entlud sich in der Reichskristallnacht vom 9. auf den 10. November 1938. Hans hörte bedrückt zu, dann fragte er, was denn die Reichskristallnacht gewesen sei. In dieser Nacht sind alle im Deutschen Reich noch vor-

handenen 191 jüdischen Synagogen in Flammen aufgegangen, der Feuerwehr war das Eingreifen verboten worden. 7.500 jüdische Geschäfte wurden de-
moliert und geplündert, 91 jüdische Menschen er-
mordet. 30.000 zumeist wohlhabende Juden wurden
verhaftet und in Konzentrationslager gebracht[2].
Viele jüdische Wohnungen wurden verwüstet, und
fast alle jüdischen Friedhöfe geschändet. Und in diesem Ausmaß ging es weiter. Am 12. November 1938
wurde den deutschen Juden eine hohe Sondersteuer
auferlegt. Außerdem beschlagnahmte der Staat die
Versicherungsleistungen zum Ausgleich der Schäden
der Reichskristallnacht. Es erfolgte eine ungehörige
Ausgrenzung der Juden aus der Öffentlichkeit – Teil-
nahmeverbot an kulturellen Veranstaltungen, Verbot
des Besuches öffentlicher Schulen und Universitäten
sowie die Schließung der jüdischen Geschäfte und
die Entlassung jüdischer Beamter. Ab dem 21. Februar 1939 mußten Juden Schmuck, Edelmetalle und Ra-
dios abliefern. Juden bekamen keine Reichskleider-
karten, ihre Telefonanschlüsse wurden gekündigt
und sie durften auch keine öffentlichen Telefone
mehr benutzen. Sie durften keine Haustiere halten
und bekamen keine Lebensmittelkarten mehr. Juden
mußten ihre Wohnungen kennzeichnen, durften keinen Friseur aufsuchen und in keinen arischen Buch-
handlungen mehr einkaufen. Es gab noch weitere
solcher grausamer Verbote und Gesetze, die ein Bleiben unmöglich machten. Bleiben war auch gar nicht
vorgesehen. 1941 wurde der Judenstern eingeführt,
und es wurde Juden zwingend vorgeschrieben, sich
damit zu kennzeichnen.

Doch nicht nur Juden waren unliebsame Bürger,

sondern auch Kommunisten, Zeugen Jehovas, Homosexuelle und Zigeuner wurden verfolgt. Alle diese Ausgrenzungen geschahen, um das „Reichsbürgergesetz" und das „Gesetz zum Schutze des deutschen Blutes und der deutschen Ehre" durchzusetzen. Die irre Idee der Reinhaltung der deutschen Rasse hatte auch für Deutsche und Österreicher brutale Auswüchse. Zur Verbreitung der reinen deutschen Rasse gab es den eingetragenen Verein „Lebensborn", dessen Zentrale in München war. Junge Menschen wurden aufgefordert, manche stellten sich auch freiwillig zur Verfügung, für den Staat Kinder zu zeugen. Voraussetzung war, daß die Eltern, oder besser gesagt die Spender, blond, blauäugig, intelligent und rein arischer Herkunft waren. Entbunden wurde in einem Heim und sechs Wochen nach der Geburt schenkte die Mutter das Kind dem Staat. Die Mädchen, die geboren wurden, waren eine Nummer ohne Namen, bis sie schließlich irgendwann zur Adoption freigegeben wurden. Die Buben wollte man für die Aufzucht erziehen. Sie wurden nur in Pflege gegeben, wobei der Pflegeplatz streng kontrolliert wurde. Ich habe eine Freundin, deren Geburtsurkunde erst ausgestellt wurde, als sie mit 2½ Jahren adoptiert wurde. Bis zu diesem Zeitpunkt war sie nur eine Nummer im Heim der Kinderfabrik gewesen, ein Kind ohne Namen, ohne eine Beziehungsperson. Als meine Freundin, die trotz ihrer Adoption durch eine österreichische Familie deutsche Staatsbürgerin war, heiraten wollte und einen neuen Geburtsschein brauchte, hat sie erst die Umstände ihrer Herkunft erfahren. Mit viel Mühe ist es ihr vor kurzer Zeit gelungen, ihre Angehörigen zu finden.

Ein weiterer Auswuchs jener Zeit war das nationalsozialistische Euthanasieprogramm, die Vernichtung lebensunwerten Lebens. Als ich Hans fragte, ob er wisse, was das hieß, nickte er wortlos. Gesetzlich schon Jahre vorher vorbereitet, wurde es im Oktober 1939 von Hitler durch einen geheimen Führererlaß in Kraft gesetzt. Ca. 70.000 Geisteskranke und körperlich Mißgebildete wurden getötet[3]. Trotz strengster Geheimhaltung wurden die Morde bekannt und lösten eine Welle von Protesten aus. Katholische Bischöfe, evangelische Kirchenführer und verschiedene Gemeinschaften protestierten öffentlich. Offiziell wurden diese Aktionen eingestellt, dezentral gingen die Morde jedoch weiter und wurden sogar ausgeweitet. Das Volk hat unfähig oder unwissend zugesehen.

Gemordet wurde nicht nur in den Konzentrationslagern. In den besetzten Gebieten wurden Juden zu Tausenden zusammengetrieben und erschossen, oft mußten sie vorher die eigenen Gräber schaufeln. Als Hans fragte, wie viele Menschen insgesamt betroffen waren, konnte ich nur Zahlen aus Büchern und Informationen der Historiker nennen. Insgesamt, wenn man alle Vernichtungslager zusammennimmt, sind von den fast fünf Millionen Menschen, die in Konzentrationslager getrieben wurden, fast vier Millionen Menschen zu Tode gekommen[4].

Wir sprachen nicht mehr weiter. Die letzte Stunde gingen wir wortlos, fast schon war es ein Laufen.

Als am 1. September 1939 mit dem deutschen Überfall auf Polen der Krieg begann, war das nur noch ausführende Aktion. Der Krieg und die Vernichtung der jüdischen Rasse hatte schon viele Jahre vorher in den Köpfen von Hitler und seinen Helfern stattgefunden. Hans war erstaunt: „Warum hat das Volk zugesehen? Es können doch nicht alle Menschen so gedacht haben, viele waren doch auch mit Juden verheiratet. Ich glaube, mich kann kein Mensch zwingen, bei solchen Aktionen mitzumachen." Ich verstand seine Einwände, oft hatte ich sie schon gehört. „Wenn sich jemand dagegen gestellt hat, wurde dies als heimtückischer Angriff auf den Staat gewertet und darauf stand die Todesstrafe. Es gab im Untergrund schon Menschen, die sich einsetzten, aber es waren zuwenige. War es die Not der Arbeitslosigkeit, die Weltwirtschaftskrise, war es die Rolle des Nationalsozialismus, die der normale Bürger nicht durchschaute, waren es die Parolen und Versprechungen, die Menschen aus der Arbeitslosigkeit zu führen, daß Millionen Bürger des Landes den Kopf in den Sand steckten, um nichts zu hören und zu sehen? Vielleicht haben sie sich mit dem nationalsozialistischen Gedankengut identifiziert, vielleicht haben sie eine Rolle angenommen?" Die Rolle, die wir annehmen, bestimmt unsere Lebensweise, den sozialen Kontakt, die Art und Weise der Kommunikation und auch deren Inhalte. Verstärkt wird dieses Rollenspiel durch die Maske, die man sich dabei aufsetzt; zusätzlich sind da noch die Kulissen, die man vor oder neben sich herschiebt, um im Drama mitzuwirken, um seine eigene Angst, seine eigenen Schwächen zu verbergen. So dient die Rolle als Schutzmechanismus, um das wahre Innere zu verstecken, um das eigene Leben zu retten und um in einer solchen Zeit nur nicht das Selbst zu leben.

Gestern unternahm ich eine Kreuzfahrt zur Insel Amorgos. Die Insel hat 1.500 Einwohner und gehört ebenfalls zur Gruppe der Kykladeninseln. Die bergige Insel ist ein Stück ungebändigter Natur im tiefblauen Meer. In den Dörfern von Amorgos sind die Traditionen und die alte Lebensweise immer noch lebendig. Besonders beeindruckt hat mich das bekannte Kloster Panagia Chozoviotissa unweit der Stadt Hora, dem Hauptort der Insel. Das Kloster ist unbeschreiblich, ist einmalig. Strahlend weiß hebt es sich von seiner Umgebung ab, hineingeklebt in den Felsen wie ein Adlerhorst, uneinnehmbar für Piraten. Die Stadt Hora, hoch oben am Berg erbaut, bezauberte mich mit ihren Gäßchen und dem alles beherrschenden Weiß.

Der Ausflug wurde zu einem Erlebnis. Das Schiff kam eine Stunde später als angekündigt, und die Fahrt dauerte drei Stunden länger als angegeben. Insgesamt waren 20 Personen an Bord, Franzosen, Amerikaner, Griechen, Engländer und Österreicher. Die Fahrt war alles andere als angenehm. Trotzdem herrschte eine gute Stimmung vor. Das Schiff schlingerte rauf und runter, wir mußten alle unter Deck in die untere Etage, ein Bleiben an Deck war unmöglich. Ich glaube, jeder spürte, daß nicht nur die hohe See, denn so rauh war sie nicht, für die stürmische Bootsfahrt verantwortlich war, sondern daß es wohl eher an der Fahrweise des Kapitäns liegen mußte. Ich war bis zu dieser Fahrt immer seetüchtig gewesen und winkte zuerst dem Angebot, ein Sackerl zu nehmen lächelnd ab. Doch dann war ich auch unter der

Mehrzahl jener Passagiere, die das Frühstück nicht behalten konnten. Trotz bleicher, grüner Gesichter lachten alle und waren guter Stimmung. Am Ende der Fahrt erfuhren wir, daß der Kapitän das erste Mal diese Fahrt mit seinem Boot gemacht hatte. Wir sahen uns voller Verständnis an, es war ja alles gut gegangen.

Auf dem Boot machte ich die Bekanntschaft eines Wieners. Auf Amorgos angekommen, gingen wir zuerst auf ein Bier und Sandwiches, um unsere beleidigten Mägen zu besänftigen. Normalerweise spreche ich mit Fremden nicht über die Idee meines Buches, doch diesmal spürte ich eine innere Aufforderung, mit jenem Mann zu sprechen. Es war, als fiele mir diese Begegnung zu, denn es stellte sich heraus, daß er Jude war. Er beschäftigte sich mit der heutigen Situation jüdischer Menschen im Alltag in Österreich. Er hatte von seiner jüdischen Großmutter Tagebücher geerbt, in denen sie ihre Gedanken und Erlebnisse von 1938 bis 1945 niedergeschrieben hatte. Es war schön zu hören, daß es auch Juden gab, die das Schicksal nicht so hart getroffen hatte. Seine Großmutter hatte vier Kinder. Es war ihr durch Beziehungen und natürlich auch viel Geld gelungen, die Kinder arisieren zu lassen. Sie zog mit ihnen zu Verwandten in ein kleines Dorf in der Steiermark, und vertraute ihrer Umgebung. Die Kinder und auch die Großmutter selbst wurden nicht als Volksschädlinge betrachtet, sondern integriert.

Allein der Ausdruck arisiert verursacht mir Gänsehaut, Widerwillen und das Gefühl eines inneren Aufschreis. Hat Gott uns nicht alle gleich geschaffen als Menschen, als gleiche „Wesenheiten", nur eben mit verschiedenen Ausdrucksmöglichkeiten und Hautfarben? In der Natur finden wir es wieder, jede Blume ist auf ihre Weise schön, ob sie duftet oder leuchtet, sich am Morgen der Sonne zuwendet und am Abend ihre Blütenblätter sanft schließt oder ob sie ihre Schönheit mit Stacheln umgibt, sie ist immer eine Blume. Wir Menschen sind Wesenheiten einer höheren Ordnung, unser Ausdruck ist Liebe, Intelligenz, Körperlichkeit, inneres Wissen. Wir leben in der Dualität von Körper und Geist. Wir dürfen uns entscheiden. Doch wofür entscheiden wir uns meist? Der Körper, das Leben eines anderen bedeutet uns wenig, wir benutzen unsere Intelligenz, um Böses zu schaffen, und die Liebe, nach der wir uns sehnen, ist oft nur ein Wort auf geduldigem Papier.

Als ich ihn fragte, wie es der Familie jetzt gehe, meinte er, daß über die Vergangenheit nicht gesprochen werde. Sie sei verdrängt, wie eingekerkert, ein dunkler Schatten im Herzen. Erst die Generation der Nachgeborenen und seine Generation, sei auch bereit, näher hinzusehen und alles zu hinterfragen. Deshalb bestehe auch ein Interesse, sich mit den Tagebüchern der Großmutter auseinanderzusetzen. „Wir haben den Schmerz, die Schmach nicht selbst erlebt, doch die Geschehnisse haben sich so tief in die Herzen geprägt, sich in den meisten Menschen als Haß manifestiert, als Haß gegen ein ganzes Volk. Und Haß ist eine tiefe, ewig schwärende Wunde." Ich versuchte, ihn zu verstehen, konnte seine Worte aber nicht nachvollziehen. „Man kann darüber nicht diskutieren," meinte er weiter, „das Erleben hat die Menschen geprägt". In gewisser Weise hatte er recht, aber wie kann man verhindern, daß solche Dinge wieder geschehen? Daß manche Menschen nur das Böse leben, ist deren eigene Entscheidung, ebenso wie die jener Menschen, die einem Verführer wie die Ratten dem Rattenfänger von Hameln hinterherlaufen und Millionen sich mitreißen lassen wie Herdentiere. Immer wieder gab es Zeiten, wo Menschen ihre niedrigsten Triebe gelebt haben. Nicht nur Juden wurden verfolgt, viele Völker hatten ihre Sündenböcke, das hat die Geschichte bewiesen. Massenmorde hat es leider allzu oft gegeben, nicht nur in Deutschland, doch waren jene in Deutschland in ihrer geplanten und systematisierten Form, dieser industrialisierte Genozid, sicher der schockierendste der Geschichte. Doch das Schreckliche passiert noch immer, wie gerade in Jugoslawien, in Albanien, in Israel und in vielen anderen Staaten. Es tat gut, von einem Juden zu hören, der überzeugt war, daß wir als einzelne zu einem besseren Zusammenleben beitragen können, wenn wir den Menschen Verständnis entgegenbringen, denn dann könne sich der Bazillus der Lieblosigkeit nicht weiter ausbreiten. Wir sollen den Bazillus nicht unterstützen, indem wir ihn verurteilen und dadurch Macht verleihen. Wir müssen auf unser Herz hören und Taten setzen, denn die Kraft der Liebe ist ansteckend, sie wird von einem zum anderen getragen. Wir waren uns einig, daß Liebe Liebe anzieht, Lieblosigkeit aber Böses vermehrt. Wir lösten uns von diesem Thema, das wohl unerschöpflich ist, um die Schönheiten der Insel zu erkunden. Ich war sehr nachdenklich und betrachtete unsere Begegnung als Geschenk.

Wie schon an den letzten Tagen, besucht mich am Morgen eine Hündin, die mich auf meinen morgendlichen Wanderungen begleitet. Sie ist ein schwarzes, schmales Tier mit je einem braunen Fleck über dem Auge und an jeder Pfote. Sie trägt kein Halsband, also denke ich, daß sie ein freier griechischer Inselhund ist. Voller Freude erwartet sie mich und streckt mir sogleich ihre Pfote entgegen. Das heißt „Kraule mich!“ und sie wälzt sich genüßlich im Sand. Normalerweise genügt einmal Kraulen, dann folgt eine ausgiebige Kratzerei ihrerseits, doch heute verlangt sie nach mehr. Ihr Blick ist direkt. „Nicht aufhören“, bettelt sie, ihre Pfote ist fordernd da, „keine Pause, weitermachen.“ Zwischendurch winselt sie und endlich kapiere ich, daß sie Hunger hat. Der Weg zum Einkaufsladen ist klar, ich holte Hundefutter. Das ist der Beginn einer Adoption, die Hündin hat mich adoptiert. Ihr Fell ist nicht gepflegt, aber sie ist so ein liebes, anhängliches und lustiges Tier, daß ich meine anfängliche Scheu, sie zu berühren abgelegt habe. Von einigen Urlauben her weiß ich, daß Hunde genau abgesteckte Gebiete haben. Am Abend ist sie bei den Tischen in den Restaurants zu Hause, weil sie weiß, daß dort Bissen für sie abfallen. Sie ist ungeheuer geschickt und schlau. Geduckt schleicht sie sich in das Lokal, um vom Besitzer nicht verscheucht zu werden. Sie war mir schon oft aufgefallen, ich habe sie beobachtet. Wenn sie nichts bekommt, legt sie ihre Pfote auf den Schenkel des Gastes, so als würde sie fragen, ob er nichts für sie habe. Bis jetzt war ich nicht interessant für sie, da sie auf die Abfälle einer Vegetarierin nicht erpicht war. Doch jetzt sind wir Freunde geworden. Aus Freude über das Futter und die Streicheleinheiten springt sie Pirouetten wie ein Zirkushund.

Hans hatte einen Arbeitsturnus hinter sich und nun wieder Zeit für mich, sodaß wir unsere Strandwanderungen erneut aufnahmen. Die Gespräche der letzten Wochen hatten ihn sehr nachdenklich gemacht. Aber er hat sein charmantes, jugendliches Lachen nicht verloren. Dieses Lachen war für mich wie ein Geschenk, es war der schöne Teil unserer Jugend. Seine blauen Augen blitzten, als hätten sie nie Leid erfahren. Die Fragen von Hans wurden jetzt direkter. Er fragte, was Papa genau gemacht hatte, warum er in Untersuchungshaft war, wo er doch so vielen Menschen geholfen hatte, was man ihm vorgeworfen hatte. Ich erzählte ihm, daß Papa zweimal der Prozeß gemacht worden war. Einmal 1941 von der Gestapo und 1947 stand er nochmals vor Gericht, weil ihn zwei Juden angezeigt hatten. Es war schwer zu verstehen. Hans, der es gewohnt war, ehrlich und einfach zu denken, war erstaunt. Er fragte, wie das ginge, wenn einer vielen Menschen helfe, ihr Leben zu retten, sich dann, wenn der Spuk vorbei ist, vor ein Gericht stellen lassen müsse, warum denn die vollbrachte Tat nicht gelte? Ich hatte einige kopierte Schriftstücke und Dokumente mitgebracht, darunter auch die Kopie des Originalschriftstückes, das Papa 1948 in Untersuchungshaft eigenhändig geschrieben hatte. Hans wollte heim, um in Ruhe lesen zu können.

Unser Vater hat in der Zeit von 1938 bis 1941 Tausende Juden über die Grenze ins rettende Ausland gebracht. Er hatte eine große Organisation aufgebaut, mit einem Büro in Wien, das die Anlaufstelle für Juden aus dem gesamten Deutschen Reich wurde. Begonnen hatte diese Aktion, als 1938 die jüdische Kultusgemeinde in Graz an Papa mit der Bitte herantrat, in seinen Betrieben, der Hühnerfarm und der Lohnbrutanstalt, landwirtschaftliche Kurse für auswanderungswillige Juden abzuhalten. Diese bekamen ein Zertifikat, mit dem sie ein Einreisevisum für Amerika erhielten. Als sich diese Möglichkeit, zu einem Visum für Amerika oder andere Staaten zu kommen, herumsprach, wurde der Ansturm bald so groß, daß Papa es nicht mehr schaffte, Kurse abzuhalten, sondern einfach nur noch Zeugnisse ausstellte. Schließlich wurden diese „Kurse" von den Behörden gestoppt. Da ging Papa dazu über, die unglücklichen Menschen über die grüne Grenze nach Jugoslawien zu bringen. Er baute langsam aber stetig einen riesigen Apparat auf. Die Menschen, die sich oft tagelang in seiner Wohnung am Glockenspielplatz und in Liebenau versteckt hielten, wurden mit Taxis und Lastwagen an die Grenze gebracht. Dort wurden sie, bis die Zeit für einen heimlichen Grenzübertritt nach Jugoslawien günstig war, bei Bauern untergebracht. Führer brachten die Menschen zumeist nachts über die Grenze. Auf jugoslawischer Seite wurden sie durch Verbindungsleute nach Zagreb (damals Agram) gebracht. Teilweise passierte das unter den Augen der Gestapo, die diese Tätigkeiten, wohl unter gewissen finanziellen Zuwendungen, duldete. Die Ausreisebestimmungen allerdings mußten streng eingehalten werden, d. h. es war genau festgelegt, wieviel an Geld und persönlicher Habe jeder mitnehmen durfte. Die Erhaltung der Organisation selbst kostete natürlich ebenfalls viel Geld, und es werden sich unter den Helfern sicher auch solche befunden haben, die aus der Not ihrer Mitmenschen Kapital schlagen wollten. Jeder Emigrant mußte einen bestimmten Betrag zahlen, um die Kosten dieser Reise abzudecken. Da es mit der Ausreise nach Jugoslawien oft nicht getan war, sah sich Papa auch bald nach weiteren Möglichkeiten um, um Menschen in andere Staaten bringen zu können. Er organisierte ganze Schiffspassagen nach Palästina, Flugreisen nach Skandinavien und einmal organisierte er 20.000 Visa für China, die allerdings dazu dienten, daß die jüdischen Auswanderer von Italien aus verschifft werden konnten. Ziel ihrer Reise war natürlich nicht China, sondern Palästina. Leider kamen die italienischen Behörden dahinter, und nach den ersten Schiffstransporten stoppten sie diese Möglichkeit der Ausreise. Papa arbeitete mit Speditionsfirmen zusammen, um den Menschen wenigstens einen Teil ihres Gepäcks nachschicken zu können. Ein Teil der Organisation wurde über Reisebüros abgewickelt. Stefica versuchte manchmal, Pelze und Schmuck zu ihren Besitzern zu bringen, indem sie mit Preziosen behängt und bekleidet über die Grenze fuhr. Immer wieder kam es vor, daß Menschen Papa Geld, Schmuck, Koffer anvertrauten, mit der Bitte, diese zu verwahren, nachzuschicken oder den Angehörigen zukommen zu lassen. Oft war die Zollfahndung jedoch schneller, denn immer wieder wurden in seinen Wohnungen Razzien durchgeführt und Wertgegenstände beschlagnahmt. Ein Großteil von Papas Aktivitäten geschah mit Abstimmung und in Zusammenarbeit mit den jüdischen Kultusgemeinden und jüdischen Auswanderungsbehörden. Um all die Helfer zu bezahlen und die Dinge im Ausland zu organisieren, mußte Papa natürlich Geld außer Landes bringen. Das war der Grund, warum ihm 1941 von der Gestapo der Prozeß gemacht und er schließlich in eine Strafkompanie eingezogen wurde. 1946–48, als diese dunkle Zeit endlich vorbei war, stand er abermals vor Gericht. Ihm wurde Bereicherung an jüdischem Eigentum und Mißhandlung von Juden vorgeworfen. Dieser Prozeß wurde nicht zu Ende geführt, denn Papa starb 1948 an den Folgen seiner Krankheit.

In der Anklageschrift vom 9. Oktober 1941 hieß es:

„... Der Beschuldigte war seit längerer Zeit wiederholt mit besonderen Aufträgen im Auslande befasst. Da sich einer weiteren Arbeit im Auslande Schwierigkeiten entgegen stellten, wurde der Beschuldigte dazu herangezogen, die von verschiedenen Behörden beabsichtigte Aussiedlung inländischer Juden nach Jugoslavien in die Wirklichkeit umzusetzen. Zu diesem Zwecke wurde dem Beschuldigten die Ermächtigung erteilt, in engere Verbindung mit verschiedenen jüdischen Hilfsorganisationen zu treten und von dort aus Anmeldung von Juden zu empfangen, die eine Aussiedlung nach Jugoslavien durchzuführen wünschten. Josef Schleich errichtete in Wien ein Büro und organisierte in kurzer Zeit eine umfangreiche Aussiedlungsaktion. Da die jugoslavischen Behörden der Einwanderung inländischer Juden Schwierigkeiten bereiteten, musste der Transport der Juden ausserhalb der jugsolavischen Grenzüberwachungsstellen, also über die grüne Grenze erfolgen. Zuerst wurde der Transport über die Grenze bei Minihof-Liebau (Kreis Fürstenfeld) durchgeführt. Als die jugoslavischen Behörden diesen Transporten auf die Spur kamen, wurde die weitere Verbringung der Juden zuerst in die Gegend des Radlpasses und schliesslich bis zur Verhaftung des Beschuldigten in die Umgebung von Leutschach verlegt.

Um diese Transporte durchführen zu können, musste der Beschuldigte eine umfangreiche Organisation aufziehen, ein Büro unterhalten und vor allem auch dafür sorgen, daß die Juden, die aus allen Gegenden des Deutschen Reiches an den Grenzen zusammen kamen, bis zum Zeitpunkt des günstigsten Grenzübertrittes bei den an der Grenze ansässigen Bauern verpflegt und sowohl von der inländischen Zollstation bis zur Grenze auch auch [sic!] von der Grenze bis zum Bestimmungsort in Jugoslavien gebracht werden. Dazu musste Josef Schleich nicht nur sämtliche grösseren Grenzbauern zur Unterbringung der Juden und zu Führung aufbieten, sondern seine Organisation auch nach Jugoslavien verlegen, um dort jugoslav. Schlepper zu seiner Verfügung zu halten.

Der Beschuldigte schloß mit verschiedenen jüdischen Hilfsorganisationen vor allem in Wien, Berlin und Frankfurt a/M, sowie mit den Reisebüros Postell in Hamburg und Capri in Wien Verträge ab, in denen sich der Beschuldigte verpflichtete, die namhaft gemachten Juden um einen Betrag von 500 RM (Reichsmark) pro Jude bis zum Bestimmungsort in

Jugoslavien, in den meisten Fällen Agram, zu transportieren. Sind dem Beschuldigten Juden von anderen Stellen zugewiesen worden, so wurden die
Spesen mit 150 bis 250 RM pro Jude festgelegt. Alle
Entschädigungen wurden zu 50% bei Antritt der
Reise bezahlt, während die übrigen 50% erst dann
zur Auszahlung gelangten, wenn der betreffende
Jude aus Jugoslavien seine Ankunft am Bestimmungsort anzeigte.

Die vereinbarte Entschädigung war vor allem mit
Rücksicht auf die grosse Zahl der verbrachten Juden
so reichlich bemessen, daß Josef Schleich nicht nur
sämtliche Spesen decken, sondern sich auch ein nam-
haftes Einkommen verschaffen konnte, obzwar zahl-
lose Transporte des öfteren durchgeführt werden
mussten, weil es immer wieder vorkam, daß Transporte von den jugoslavischen Behörden entdeckt und
die Juden wieder an die Deutsche Grenze zurückge-
stellt wurden. Nach einer Zusammenstellung der
FZSt. [Zollfahndungsstelle] Graz hat der Beschuldigte in der Zeit vom Oktober 1940 bis März 1941
insgesamt 1162 Juden transportiert, wobei diese Auf-
stellung keineswegs als vollständig zu gelten hat.

Der Beschuldigte hatte durch die Durchführung
dieses Transportes eine sehr grosse Verdienstmög-
lichkeit. Wie noch auszuführen sein wird, hat sich der
Beschuldigte aber mit diesem Verdienst nicht be-
gnügt, sondern überdies in einer Reihe von Fällen
Zuwiderhandlungen gegen das Devisengesetz begangen und zwar nur zu dem Zwecke, um sich dadurch
einen [sic!] noch leichtere Gewinnmöglichkeit zu
verschaffen. Die unter Anklage gestellten Devisenzuwiderhandlungen sind nur ein Teil der vom be-

schuldigten sicherlich noch darüber hinaus voll-
brachten Devisenschiebungen. Josef Schleich hat sich
gegen alle Möglichkeiten einer Entdeckung dadurch
zu schützen getrachtet, daß er seinen von ihm finan-
ziell abhängigen Helfern immer wieder einhäm-
merte, sie dürften nicht sprechen und insb. keine Er-
wähnung davon tun, dass Reichsmarkbeträge in das
Ausland verbracht werden und die jugoslavischen
Schlepper vom Inlande aus in Reichsmark bezahlt
werden. Er verband diese Aufforderung mit der Dro-
hung, seine Helfer würden sonst aufgehängt werden.
Dies wird eindeutig durch die Aussagen des Hofstät-
ter Johann und Milan Lep bestätigt.

In seiner Verteidigung verhält sich der Beschuldigte absolut leugnend. Er gibt nur so viel zu, wie
ihm direkt nachgewiesen wird. Vor allem führt der
Beschuldigte in seiner Verantwortung an, dass die
Transportspesen in Jugsolavien nicht von ihm aus bezahlt worden seien, sondern daß diese Spesen stets
von der Hizem einer jüdischen Hilfsorganisation in
Agram oder aber von vermögenden Juden in Jugoslavien von deren Anverwandten übernommen worden
seien. Hier liegt der Angelpunkt der Verteidigung des
Beschuldigten. Es liegt auf der Hand und geht dies
auch aus dem oben dargestellten Verträgen mit der
jüdischen Hilfsorganisation und den Reisebüros hervor, daß sich der Beschuldigte selbstverständlich verpflichten mußte, um den Pauschalbetrag von 500 RM
bezw. 150 bis 200 RM unter Mitnahme einer gewissen Anzahl von Gratisreisenden die jüdischen Aus-
siedler bis zum Bestimmungsorte Agram zu bringen.
Eine Auswanderungsaktion hätte ihren Zweck ver-
fehlt wenn sie an der deutschjugsolavischen Grenze

ihr Ende gefunden hätte. Die Transportschwierigkeiten haben aber erst auf der jugoslavischen Seite begonnen. Hier mußten Schleich-wege beschritten, alle Arten von Transportmitteln aufgebracht und vor allem eine umfangreiche Führerorganisation aufgezogen werden, von deren Tätigkeit die ganze Aktion abhing. Es ist klar, daß sich diese Führer für das eingegangene Risiko, von den Grenzbehörden gefasst und inhaftiert zu werden, entsprechend bezahlen ließen und ergeben die Ermittlungen das Bild, daß diese Führer stetig ihre Ansprüche auf Entlohnung steigerten. Wenn man der Verantwortung des Beschuldigten folgt, daß er die Juden immer wieder darauf aufmerksam gemacht habe, sie durften nur die erlaubte Freigrenze von 10 RM in Münzen mitnehmen, und daß sämtliche Fahrtspesen aus dieser Freigrenze bezahlt werden, so liegt der Widersinn dieser Verantwortung in dieser Gegenüberstellung. Es bedarf keines besonderen Hinweises, daß eine Führung von der deutsch-jugoslavischen Grenze zur Drau und von dort mit der Eisenbahn oder in den meisten Fällen mit Autotaxi oder Lastkraftwagen nicht mit dem Betrag von 10 RM pro Person bezahlt werden konnte. Es mußte also die Organisation vom Inlande aus finanziert werden, was, wie noch darzustellen sein wird, der Beschuldigte auch in einem Umfange von mindestens 42.180 RM getan hat. Wenn sich weiters der Angeklagte immer wieder darauf beruft, daß die gesamte Judenauswanderung in dieser Form von inländischen Behörden gefördert und mitorganisiert worden sei, und daß er daher annehmen mußte, seine Tätigkeit stehe im Einklang mit den Devisenvorschriften, so muss darauf hingewiesen werden, daß, einerseits nur die Devisenstelle berechtigt ist, Genehmigungen zu erteilen, daß aber andererseits der Beschuldigte gar nicht in Abrede stellen kann und will, daß er mit den Devisenvorschriften und seine wiederholten Grenzübergänge genau vertraut war und daß ihm bekannt war, daß nur die Devisenstelle entsprechende Genehmigung erteilten könne. ..."

Wie die Judentransporte vor sich gingen, ist zum Teil aus diesem Protokoll ersichtlich. Daß Papa aber wesentlich mehr Menschen ins Ausland gebracht hatte, als im Prozeß von 1941 angenommen wurde und daß er eine riesige Organisation aufgebaut hatte, geht erst aus den Protokollen des Prozesses von 1947/48 hervor. Unter den Unterlagen befand sich auch ein handschriftlicher Bericht von Papa, in dem er zu den Vorwürfen Stellung nimmt. Weiters hat er eine Liste jener Zeugen aufgestellt, die die Richtigkeit seiner Angaben bestätigen sollten. Interessant ist, daß sich unter den Genannten auch ehemalige Beamte der Zollbehörde und der Gestapo befanden. Aus Papas Aussagen ist auch ersichtlich, daß einerseits die Zollbehörde immer wieder Beschlagnahmungen von Geld- und Wertgegenständen durchgeführt hatte und daß andererseits die Gestapo über die Abwicklung der Judentransporte genau Bescheid wußte.

1.) *Weiss Sandor, Holzhändler, Graz, Moserhofgasse Nr. 45.*
2.) *Weiss Grete Graz, Moserhofgasse 45.*
Beide von mir über die Grenze geschafft bis Agram vorher in meiner Wohnung versteckt gehalten (8 Tage), ist über die Transporte unterrichtet, habe

seine ganze Verwandten ebenso nach Agram gebracht und seinen Bruder Leo die Geldangelegenheiten bei Fischer in Agram in Ordnung gebracht. Kann über Verpflegung und Leitung Auskunft geben.

3.) Dr. Harmann Horst, Rechtsanwalt, Graz, Herrengasse 8.

Übernahm die Verteidigung in meinem zweitägigen Prozess geführt, Juden sind an Schleich noch Geld schuldig vom letzten Transport.

4.) Dr. Priebsch Bruno, Rechtsanwalt, Graz, Stempfergasse 7.

Kennt die Judentransportangelegenheiten. Beschlagnahme meines gesamten Vermögens. Treuhänder über meinen Schmuck, der veräußert worden ist. Klagen von Bauern um Verpflegsgelder. Keine Strafmandate und Steuernachzahlungen.

5.) Reinisch Franz, Zollinspektor, Graz, Scheidenberggasse 7/II.

Ist informiert über die Beschlagnahme meines gesamten Schmuckes. Kann Auskunft geben über die Beschlagnahme von Handgepäck der Juden durch die Zollfahndung, [unleserlich]. Beanständigung durch diese Stelle. Hausdurchsuchungen von Herrn Reinisch selbst durchgeführt. Beschlagnahme von einer Eisenkasse, Inhalt Schmuck von Juden und von meinem eigenen Schmuck.

6.) Spuller Ernst, Autounternehmer, Graz, Leonhardstraße 108.

Fahrten mit seinem Taxi durch 3 Jahre hindurch, täglich bei Überstellungen von Juden über die Grenze. Kennt Transportschwierigkeiten – Auskunft über Behandlung und Verpflegung der Juden. Bei ihm wurde die Eisenkasse Schmuck durch Reinisch beschlag-

nahmt, im 6. Monate während meiner Haft. Kennt alle Judentransporte und Taxiunternehmer die Juden führten.

7.) Gidl Josef, Taxiunternehmer Graz, Klosterwiesgasse 65.

Durch 2 Jahre hindurch Juden geführt. Kennt die Angelegenheit Judentransporte.

8.) Leitl Josef, Autounternehmer Graz, Schönaugasse 7

Juden geführt, kennt ebenso die Judentransporte, mein Benehmen gegenüber Flüchtlingen – Verpflegung.

9.) Kamplett, Autounternehmer, Graz, Schießstattgasse

Juden geführt, Behandlung – Verpflegung und über Transporte.

10.) Kerschbacher Trude, Kanzleikraft, Graz?

war am Glockenspielplatz Schreibkraft – kennt die Judentransporte, die Verpflegung und Behandlung der Juden.

11.) Wolf Johanna, Private Graz?

12.) Wolf Josef Graz?

Die Juden einquartiert und verpflegt. Als Führer über die Grenze mitgeholfen. Kennt die Geschichte der Transporte.

13.) Rosemaier Josef, Sekretär, Graz, Bischofplatz 4

war Zollbeamter am Radelpass. Kennt die Transporte über den Pass, durch mehr als 1 Jahr. Hat Juden abgefertigt. Ihm ist bekannt die Sorgfalt und Genauigkeit der Judentransporte, Behandlung und Strapazen u. Gefahren.

14.) Stummer Josef, Landwirt dzt. In U.Haft im Landesgericht Graz

Juden verpflegt, Führung von Juden, über die Gefahren und über die Überwindung von Schwierigkeiten, Kofferbeschlagnahme durch die Zollstelle.

15.) Zwickler Ludwig, Gestapobeamter dzt in U.Haft im Landesgericht Graz.

Judentransporte, Schwierigkeiten, Verhaftungen durch die Gestapo, Anstände, die vielen Anzeigen, Anzeigen von Juden gemacht, war im Judenreferat tätig. Nie Anstände über unkorrektes Benehmen gegen Juden.

16. Blümel Max, Gestapobeamter, Graz, St.Peter, Roseggergasse 12

Judentransporte, Leidensgeschichte von Schleich Über Anzeigen an Schleich, Judenreferat tätig. Nie Anstand über Benachteiligungen der Juden.

In meiner Strafsache als Beschuldigter nach dem K.V.G ß 6, 17Vr/7329/47 gebe ich zu meiner Verantwortung wie folgt zu Protokoll.

Ich fühle mich keiner Schuld bewußt und habe mich keiner strafbaren Handlung nach dem KVG schuldig gemacht.

Die illegalen Judentransporte wurden von mir in der Zeit vom 11. Juli 1938 bis 12. März 1941 durchgeführt. Auf Grund meiner Verhaftung und der langen Haftdauer waren mir weitere Transporte unmöglich gemacht worden. Nach meiner Entlassung aus der Haft, 25. November 1941 wurde ich zum Wehrdienst eingezogen und strafweise einer Bewährungskompagnie zugeteilt.

Nachfolgend führe ich aus, wie es zu den Judentransporten gekommen ist und wie dieselben abgewickelt wurden.

Gleich nach dem Umbruch 1938 kamen verschiedene, mir seit längerer Zeit bekannte Grazer-Juden mit der Bitte zu mir, ich möchte für sie einen Geflügelzuchtkurs durchführen und ihnen Unterricht in der Landwirtschaft erteilen, damit sie dadurch im Besitze eines landwirtschaftlichen Zeugnisses kommen und damit die Einreise als landwirtschaftliche Hilfsarbeiter nach Amerika, oder nach irgend einem anderen Lande erhalten.

Ich begab mich zur Kultusgemeinde Graz und dort wurde beschlossen gemeinsam eine Eingabe an die NSDAP zu richten, um die Bewilligung zur Abhaltung solcher Kurse und die Erlaubnis hiefür zu erhalten. Ich selbst richtete am 11. Juli 1938 ein solches Ansuchen an die NSDAP Kreis-Graz.

Am 15. Juli 1938 erhielt die Kultusgemeinde Graz sowohl, als auch ich die Verständigung, daß solche Kurse abgehalten werden dürfen. In der Zeit vom 15. Juli 1938 bis ungefähr Ende Oktober 38 hatte ich täglich 400 Kursteilnehmer von 8h früh bis 6h abends im landwirtschaftlichen Fach zu unterrichten. Als Honorar bekam ich monatlich RM 800,- als Pauschalbetrag, Licht, Beheizung etc. inbegriffen. Die Kurse wurden am Glockenspielplatz 7 in meiner damaligen Wohnung abgehalten und durch die Staatspolizei Graz überwacht. Von der Kultusgemeinde Graz bekam ich nach Beendigung der Kurse ein belobendes Zeugnis für meine Mühewaltung und mein Entgegenkommen.

Zu diesen Kursen kamen nicht nur allein, die mir von der Kultusgemeinde zugewiesenen Juden, sondern auch andere, und zwar solche, welche von ihren Leidensgenossen erfuhren, daß durch diesen Kurs-

Besuch die Möglichkeit besteht – auszuwandern. Diese Leute besuchten den Kurs nur eine Woche und ich stellte ihnen ein Zeugnis aus, um ihnen zu behilflich sein und so eine Aus- u. Einreise zu ermöglichen. Die mußte ich jedoch ohne das Wissen der Staatspolizei tun und war strafbar.

Durch den plötzlich großen Anlauf von Juden, die mit solchen Zeugnissen als landwirtschaftliche Arbeiter einreisen wollten haben die ausländischen Regierungen über Einspruch der Einwanderungskommites schlagartig die Einwanderung solcher Juden gestoppt. Nun standen alle Juden vor dem Problem, entweder in ein K.Z abgeschoben zu werden oder auf illegalem Wege ins Ausland zu flüchten. Die heimliche Grenzflucht setzte zwangsläufig ein. Von allen Seiten kamen bekannte Juden zu mir und drangen in mich, und baten sie nicht in ihrer Not in Stich zu lassen und ihnen zu helfen. Ich sagte ihnen meine Hilfe nach Möglichkeit zu und begann Juden über die „grüne Grenze" zu schleusen, und zwar über die Dreiländergrenze. (Jugoslawien, Ungarn) Als ersten Juden schmuggelte ich Herrn Sandor Weiß mit seiner Frau Grete Weiß, nachdem ich vorher beide 8 bis 10 Tage in meiner Wohnung versteckt hielt, über die Grenze ins Ausland nach Agram. Dann folgten Herr und Frau Adler, Inhaber der Sichelbrotwerke Graz. Durch das Gelingen bestärkt, schleuste ich nach und nach ungefähr 200 Personen über die Grenze. Nun trat die Kultusgemeinde mit der Bitte heran, es unter allen Umständen möglich zu machen eine größere Anzahl von Juden aus Graz weg zu bringen. Die Frage zu lösen wurde nun um so dringlicher, als größere Ausschreitungen gegen die Juden begannen. Der Ju-

89

dentempel wurde angezündet, wo man einen Juden traf wurde er mißhandelt, sie wurden arg verfolgt und eingesperrt. Die Juden waren gehetzt und suchten in den entlegensten Winkel einen Versteck und getrauten sich nicht mehr in ihre Wohnungen zurück. Jeder Mensch wußte damals wie es zuging. Die Kultusgemeinde drang weiter in mich um die Durchführung Juden in größeren Mengen, wenn möglich mittels Schifftransporte ins Ausland zu bringen, gleichzeitig machte mich die Kultusgemeinde mit einem Beamten der Stapo Graz bekannt. Dieser Beamte war im Judenreferat tätig, namens Zwickler Ludwig, Krim. Obersekretär. Die Kultusgemeinde mit Obersekretär Zwickler und ich kamen zu dem Übereinkommen, daß ich stillschweigend, jedoch mit Wissen des Gestapobeamten, versuchsweise größere Transporte zusammenstellen und deren Abgang über die Grenze durchführen dürfe. Nun traf die Kultusgemeinde folgende Abmachung mit mir. Falls es mir gelingen sollte 200 bis 300 Personen nach Palästina zu bringen, verpflichtet sich die Kultusgemeinde Graz inklusive Spesen den Betrag von 12.000 RM zu vergüten. Die Kultusgemeinde Graz stattete mich mit Ausweisen, Befürwortungen und Empfehlungsschreiben aus. Der Beamte Zwickler verschaffte mir den Reisepaß und verschiedene Papiere. So begann ich meine Tätigkeit und fuhr bzw. reiste nach Jugoslawien, Italien, Griechenland, um Verbindungen aufzunehmen, Schiffe zur Überfahrt aufzutreiben. Einreisevisas nach Palästina zu verschaffen und alle nötigen Schritte und Vorkehrungen zu treffen, die die Durchführung der Transporte gewährleisteten. Meine Bemühungen nahmen ca. 3 Monate in An-

spruch, während dieser Zeit organisierte die Kultusgemeinde die Zusammenstellung der zu transportierenden Personen, ich aber gebrauchte diese Zeit, um
mich mit sämtlichen ausländischen Behörden und
Gesandtschaften in Verbindung zu setzen, Aussprachen zu pflegen und die auftauchenden Schwierigkeiten zu überwinden. Die Überwindung der größten Schwierigkeit bestand in der Frage der Beschaffung von ausländischen Schiffen, obwohl Deutschland genug Schiffe zur Verfügung standen, gab
Deutschland für solche Zwecke keine her, um sein
Ansehen einerseits im Ausland unter den befreundeten Staaten zu bewahren und anderseits, um sich
nicht nachsagen zu lassen, daß es Menschen ihrer
Mitteln beraubt und nur mit 10 RM in der Tasche
bettelarm den befreundeten Staaten aufhalst. Umgekehrt, war kein fremder Staat interessiert, vollkommen mittellose Menschen aufzunehmen, die ihres
Hab und Gutes beraubt, dem Staat zur Last fallen
sollen, wo ohnehin jeder dieser Staaten genug Bettler
zu erhalten habe. Die Beschaffung ausländischer Visas war ein Problem für sich. Mein Auftrag war Juden
illegal nach Palästina zu bringen. Auf Grund des
Freundschaftspaktes zwischen Italien und Deutschland ließ Italien die Juden nicht in ihre Häfen nach
Palästina einschiffen, da Italien ansonsten diplomati-
sche Verwicklungen mit England befürchtete. Es
blieb in dieser Situation nur der Ausweg, mich mit
China in Verbindung zu setzen, dort zu verhandeln,
um im Besitze von 20.000 Einreisebewilligungen
nach Shanghai zu gelangen. Um dies zu erreichen
mußte ich mich verpflichten und einen Revers unterschreiben, daß diese 20.000 Menschen nicht nach

China kommen dürfen, sondern ein Scheinmanöver sein muß, geeignet die italienische Behörde irre zuführen, damit die Einschiffung im italienischen Hafen möglich wird, und damit die Reise nach Palästina. Durch dieses Scheinmanöver war es eben möglich in Verbindung mit den Chinavisas, einerseits die Juden im italienischen Hafen einzuschiffen, anderseits in anderen fremden Staaten die Juden unterbringen zu können und so aus Deutschland ausreisen zu dürfen. Auf diese Art ging von Graz aus der erste Transport nach Palästina ab. Nach meiner Rückkehr vom ersten Transport wurde ich aufgefordert, mich bei der Stapo Graz mit sämtlichen Papieren und Aufzeichnungen beim Herrn Zwickler zu melden. Man verlangte von mir, genauesten Bericht und die notwendigen Erklärungen, wie die Durchführung vor sich ging. Nach längerem Warten wurde ich über Auftrag des Leiters der Stapo-Stelle Graz in Haft genommen. Die Überprüfung meiner Angaben erwiesen sich als richtig und ich wurde aus der Haft entlassen. Um für den Transport die Abrechnung zu verlangen setzte ich mich mit der Kultusgemeinde Graz ins Einvernehmen, wo mir mitgeteilt wurde, daß der SD Graz das Geld gesperrt habe, man mir deshalb nichts auszahlen könne. Für den ganzen Transport erhielt ich somit nur den Betrag von 6.000,- RM, der mir als Vorschuß schon ausbezahlt wurde. Nach dieser Erfahrung, die mir nur Schaden brachte, habe ich mich von den Ferntransporten zurückgehalten, zumal auch inzwischen die italienische Regierung in Erfahrung brachte, daß ich meine Transporte nicht nach Shanghai sondern nach Palästina geleitet habe. Italien entzog mir solange meinen Paß, bis ich die in der Zwi-

schenzeit von ungefähr 800 nachträglich eingewan-
derten und angesammelte Juden außer Landes gebracht haben würde.

Ich hielt mich einige Zeit fern von den zu durch-
führenden Transporten und die Lage der Juden ge-
staltete sich immer schwieriger, Züge um Züge rollten ins K.Z., die Juden waren verzweifelter denn je.
Die Kultusgemeinde wurde geradezu bestürmt und
abermals trat man an mich heran mit der Bitte doch
im Namen der Menschlichkeit den Verfolgten zu helfen. Man versprach mir seitens der Kultusgemeinde,
daß man mich für den gehabten Schaden entschädi-
gen werde und veranlassen, daß in Zukunft mir meine Geldmittel zur Verfügung gestellt werden würden, die mich in die Lage versetzen, die Transporte
ohne Schaden durchführen zu können. Aus Kärnten,
Steiermark und Burgenland trafen die Juden in Mas-
sen in Graz ein, und wandten sich hilfesuchend an die
Kultusgemeinde Graz. Diese wandte sich an die Stapo zu Herrn Zwickler und bat man möge auf mich
einwirken um mich zu bewegen, auch weiterhin das
Risiko der Transporte zu übernehmen.

Nun begann ich abermals illegale Transporte über
die Grenze zu schaffen und brachte tatsächlich eine
größere Menge Menschen über dieselbe. Der noch
verbleibende Rest wurde nach Wien dem Provinz-
referat Steiermark zugeleitet. Für die Durchführung
der Grazer Transporte erhielt ich von der Kultusgemeinde Graz pro Person den Betrag von RM 150,-
bis 200,-. Dieser Betrag war zur Bestreitung aller
Ausgaben, wie Reise ab Graz bis zur Grenze, Verpflegung, Führung über die Grenze, Fahrten von der
Grenze bis Agram, Quatier und Verköstigung, sowie

aller Nebenausgaben bestimmt. Zu dieser Zeit konnte ich mit diesem Betrag die Kosten bestreiten, weil ich bei den Grenzbehörden noch unbekannt war und die Transporte unpopulär waren, bezw. nicht aufgefallen sind.

Die Kultusgemeinde Graz mußte höheren Auftrages Graz verlassen und nach Wien übersiedeln. Von dieser Stunde an wickelten sich die weiteren Abmachungen in Wien ab. Man berief mich nach Wien, um nun von dort aus zentral die Transporte über die Grenzen ins Ausland zu leiten. In Wien wurde ich zu einer Aussprache zum Präsidenten der Kultusgemeinde (Verband der Invaliden, Witwen und Waisen jüdischer Kriegsopfer) Professor Lazar gebeten. Professor Lazar sprach zu mir, er habe von meinen vielen geglückten Transporten gehört und bat mich, ich solle mich auch seiner Leute annehmen und den beklagenswerten Menschen aus dem Land helfen. Diese Angelegenheit sei um so dringlicher, als es sich um eine große Anzahl von Kindern handelte. Es kam dann zwischen mir, der Kultusgemeinde Wien (unleserlich) des Verbandes der jüdischen Kriegsopfer zu folgender Vereinbarung:

,Wien 31. Jänner 1940.

Herrn J. Schleich – Graz, Glockenspielplatz 7.

Der unterzeichnende Verband, der jüdischen Kriegsopfer, Invaliden, Witwen und Waisen in Wien VIII, Taungasse 1 a trifft mit ihnen hiemit folgende Vereinbarung:

Sie verpflichten sich die von uns jeweils namhaft gemachten Personen unter nachstehenden Bedingungen nach Agram/Zagreb/ zu transportieren:

Bestimmungsort ist Agram/Zagreb/.

Wir zahlen Ihnen als Fahrpreis bis Agram vereinbarungsgemäß pro Person RM 670,- (sechshundertsiebzig)

Sie verpflichten sich für je von uns namhaft gemachten 10 Personen uns weitere 3 Personen nur um den Bahnfahrpreis (Wien – Jugosl.Grenze) nach Agram zu befördern.

Sollte ein Transport aus irgend einem Grunde seinen Bestimmungsort Agram nicht erreicht haben, haben wir keine wie immer gearteten, bei Ihnen inzwischen eventuell angelaufenen Spesen zu bezahlen. Wir sind verpflichtet den Ihnen für jeden Transport gebührenden Betrag erst dann sofort zu bezahlen, sobald wir von unseren Vertrauensmann eine telegrafische Verständigung aus Agram erhalten haben, daß alle am Transport teilnehmenden, von uns namhaft gemachten Personen, Agram erreicht haben.

Sie verpflichten sich ausser den von uns namhaft gemachten Personen keine anderen Personentransporte nach Agram zu führen und mit niemandem dies bezüglich weder zu verhandeln noch Vereinbarungen zu treffen.

Wir ersuchen Sie, uns zu bestätigen, daß Sie sich mit vorstehender Vereinbarung in allen Punkten voll und ganz einverstanden zu erklären.

Verband der jüdischen Kriegsopfer in Wien'

Nach Abschluß des Vertrages begab ich mich mit Herrn Prof. Lazar zur Geheimen Staatspolizeileitstelle Wien Morzinplatz 4. Wir sprachen im Judenreferat vor, dessen Leiter Kuchmann und Köck, beide Berliner, waren. Professor Lazar, der mit Kuchmann bekannt war, schilderte diesen den ganzen Vorgang und es kamen auch meine schon geleiteten Transporte *aus Graz zur Sprache, aber auch, daß ich der Mann sei, der in stillschweigendem Einvernehmen mit den Behörden die illegalen Transporte über die Grenze durchgeführt habe und weiter durchführe. Mit mir wurde eine Wartezeit im Hotel Exzelsior vereinbart. Statt einen Bescheid wurde ich von zwei Beamten der Stapo verhaftet, einvernommen und in Haft gesetzt. Inzwischen liefen die Erhebungen. Aus der Haft ohne Bescheid in Wien entlassen begab ich mich direkt nach Graz. Kurz darauf wurde ich von zwei Herren der Kultusgemeinde aufgesucht, weil ich von mir nichts hören ließ. Sie erzählten mir, daß die Bewilligung erteilt worden sei, Transporte von Wien aus ins Ausland dürfen durchgeführt werden. Ich ging darauf zur Stapo Graz, erzählte die Vorfälle und gab zum Ausdruck, daß ich unter solchen Umständen, wie alle fingerlang verhaftet zu werden, nicht mehr gewillt bin, noch weiterhin mich der Abtransporte anzunehmen. Die ganze Angelegenheit wurde eingerenkt und zu meiner Sicherstellung und zur Vermeidung weiterer Unannehmlichkeiten legte man mir einen 8 Punktevertrag einseitig vor, den ich zu unterschreiben hatte. Aus diesem Vertrag ging eindeutig hervor: 1) Ich darf nur drei Juden an die Grenze bringen. 2) Dieselben dürfen nicht länger als 48 Stunden an der Grenze verweilen. 3) Die Juden dürfen nicht unbewacht bleiben. 4) Keiner darf sich gegen die bestehende Devisenverordnung vergehen. 5) Post darf weder abgesandt noch empfangen werden. 6) Jeder muß mit einem ordnungsgemäßen Paß und einer Steuerunbedenklichkeitsbescheinigung versehen sein. 7) Schleich muß für jeden ausreisenden Juden in vierfacher Ausfertigung die Ausreiselisten an-*

legen, wovon vorgelegt zu bekommen haben: die Staatspolizeistelle Graz, Stapostelle an der jeweiligen Grenze, die Zollstelle an der jeweiligen Grenze und die letzte blieb mir. 8) Ich, als Reiseleiter darf mir unter keinen Umständen Devisenvergehen zu Schulden kommen lassen oder für die Juden Geld oder Wertgegenstände u. dergleichen über die Grenzen schmuggeln. So ungefähr lauteten die mir in acht Punkten auferlegten Verpflichtungen und kann ich mich auf den genauen Wortlaut nach zehn Jahren nicht mehr voll erinnern. Übrigens wurde mir der Vertrag ohne Abschrift nur vorgelegt und von mir unterzeichnet. Der Stand der Angelegenheit wurde an die Stapoleitstelle Wien berichtet. Mich rief man nach Wien. Auf Grund der klaglosen Durchführung der bisherigen Transporte, stellte man mir in Wien ein Büro zur Verfügung und beauftragte mich Juden aus Wien über die Grenzen zu schaffen. Man verlangte der Gestapo Wien dienlich zu sein, was darin bestand, daß ich mich verpflichteten mußte, namhaft gemachte, bestimmte Juden unentgeltlich, streng vertraulich gesondert über die verschiedenen Grenzen in verschiedene bestimmte Länder zu bringen. Diese Juden durften ihre Wertsachen in größtem Ausmaße und ihren Schmuck mitnehmen und wurde ich dazu verhalten in solchen Fällen ihnen jede Hilfe zu leisten und sie nach allen Richtungen hin abzudecken und vor Verlusten zu bewahren. In solchen Fällen mußte auch die Zollfahndung umgangen werden und durfte keine Kenntnis davon erhalten.

Nun wurden die Judentransporte in Wien organisiert. Zu diesem Zwecke wurde mir in Wien von der jüd. Hilfsorganisation mehrere Räume in der Mark-

Aurelstraße 5 zur Verfügung gestellt. 7 jüdische Beamte erhielt ich zugeteilt, außerdem standen mir 2 jüdische Sekretärinnen zur Seite. Die Aufgaben der Beamten waren, alle Juden, die ausreisen wollten, zu registrieren. Die Ausreisepapiere behördlich zu besorgen. Die Zusammenstellung der Transporte zu bewerkstelligen. Die eingezahlten Transportgelder treuhändig zu verwalten und die gesamte Buchhaltung zu führen. Jede Auskunft an die Teilnehmer zu geben, sie zu belehren und mit den Verhaltungsmaßregeln vertraut zu machen und über alles zu unterrichten. Eine der Sekretärinen blieb fest in Wien und leitete dort selbst die administrativen Geschäfte. Die zweite hatte von der Geheimen Staatspolizei die Erlaubnis mich auf allen Wegen durch ganz Deutschland, auf den Grenzen selbst und in das Ausland zu begleiten. Die immerhin horenten Ausgaben dieses Betriebes mit allen laufenden Ausgaben, Gehälter, Miete, Telefon und sonstiges Drum und Dran hatte ich aus den einlaufenden eingezahlten Reisebeträgen zu bestreiten. Es waren Reiseprospekte aufgelegen, die von der Geh. Stapo vorgeschrieben und von der Kultusgemeinde Wien in beiderseitigem Einverständnis vorgeschrieben waren. Jeder Reiseteilnehmer bekam ein solches Prospekt bei Anmeldung seiner Reise ausgehändigt und er wurde dadurch genauest informiert und über alle Einzelheiten vollständig aufgeklärt. Es gab keinen Reiseteilnehmer, der nicht bis in die letzten Einzelheiten unterrichtet gewesen wäre.

Nach Eröffnung dieses stillschweigend von den Behörden geduldeten Auswanderungsbüros war der Andrang enorm. Man bedenke, es waren zu diesem

Zeitpunkt ungefähr 128.000 Juden in Wien und zitterten vor Angst ins K.Z. abtransportiert zu werden und hatten den Tod vor Augen. Täglich rollten Züge von zusammengefangenen Juden auf Befehl des berüchtigten SS Hptstfr. Brunner von Wien in die Vernichtungslager. Massenandrang von tausenden Juden bestürmten unser Auswanderungsbüro. Um diesen hilflosen gehetzten Menschen zu helfen brach ich meinen 8-Punkte Vertrag mit der Gestapo Wien und schickte ich täglich 10 bis 20 Autos im Pendelverkehr Wien Graz mit Juden nach Graz und errichtete am Glockenspielplatz 7 in meiner damaligen Wohnung, in der ich ca. 50 bis 80 Menschen notgedrungen unterbrachte und in der Münzgrabenstraße 230 eine damals von mir gewesene Geflügelfarm, wo ich ca. 200 bis 250 Menschen ebenso notgedrungen unterbringen konnte, ein Sammellager. Durch diesen gezwungenen Überbelag von Menschen und den Vertragsbruch ergab einen Konflikt mit der Gestapo Graz, der abermals zu meiner Verhaftung führte. Mit den Beamten Zwickler, Mayer und Blümel setzte ich mich auseinander und appellierte an die Menschlichkeit und auf ein einsichtsvolles Verständnis. Ich hielt ihnen die zwingende Not vor Augen und bat für diese unglücklichen Menschen, versprach und versicherte, diese Juden ohne Aufsehen auf raschesten Wege ins Ausland zu schaffen. Es gelang mir mit vieler Mühe die Beamten zu überzeugen unter der Bedingung, daß die Juden in wenigen Tagen verschwinden und Graz verlassen haben. Auf die Parole: ‚Graz müsse judenrein sein' wurde mit allen Mitteln gearbeitet. In Graz organisierte ich ungefähr 20 Taxi, die ständig die Juden an die verschiedenen Grenzstellen

99

zu fahren hatten. Meine Übergangsgrenze in das sichere Ausland begann vom Radelpass bei Eibiswald und erstreckte sich der jugosl. Grenze entlang bis St. Anna am Aigen, St. Gotthardt bis Fürstenfeld.

Nach Abfertigung der Juden bei der Gestapo und Zollgrenzstellen, wurden sie nachher bei Bauern an der Grenze, diese Leute zu fünf und zehn Personen untergebracht. Pro Person erhielt der Bauer für Nächtigung und essen RM 3.50. Der Aufenthalt der Juden dauerte verschieden an und war von den günstigen Augenblicken der jeweiligen Grenzbewachung abhängig. Es ist vorgekommen, daß Menschen mehrere Wochen lang auf einen günstigen Übertritt warten mußten. Der Weg über die Grenze bis zur Möglichkeit eines Weitertransportes ins Ausland dauerte je nach Umständen der Gefahren 3 bis 12 Stunden. Nach Erreichung des ersten Zieles oder besser gesagt, der ersten Etappe wurden die Juden teilweise per Bahn, einzelne in kleinen und größeren Gruppen nach Agram abgeleitet und von mir mit einer Fahrkarte versehen, der weitaus größere Teil fuhr per Taxi und Lastkraftwagen, die nun schon im Ausland von mir beschafft wurden, bis nach Mursca Sobota, wo selbst ich in einem entlegenen Dorf die Leute wieder einsammelte. Von hier aus ging es wieder in zwei bis drei größeren Partien mit Kraftwagen bis nach Agram. In Agram übergab ich ordnungs und auftragsgemäß die Personen der Hicem (Internationale Hilfsgesellschaft). Meine schwerste und heikelste Aufgabe war es, die Juden von Österreich durch Slowenien auf kroatischem Gebiete zu bringen. Warum? Ich hatte nach Überschreiten der Grenze auf dem Fluchtwege ins slow. Gebiet die erste Postenket-

100

te zu durchbrechen, was mir zwar meistens gelang, jedoch aber bei der zweiten Postenkette, die zka 8 bis 10 km von der ersten entfernt war, ab und zu doch erwischt und bzw. aufgegriffen wurde. Die dritte ebenso entfernte Postenkette war am schwersten und umständlichsten zu passieren, weil hier sowohl auf den Bahnhöfen, als auch auf den Straßenkreuzungen starke und genaue Kontrollen vorgesehen waren. Es ist nur zu leicht verständlich, daß gerade in dieser Situation oft genug meine Transporte aufgefangen wurden. In einem solchen Falle wurden sämtliche erwischten Personen erst eingesperrt, leider oft mißhandelt und dann über die Grenze nach Deutschland abgeschoben. Nur zu oft wurde auch ich mit verhaftet und abgeschoben. Ich selbst verfügte in vielen Fällen jüdische Ausweispapiere und so wurde ich auch als Jude behandelt. Es ist unschwer verständlich, daß das Überleiten über slowenischen Gebiet fast unmöglich war und nur unter größten Opfern und Strapazen vollbracht werden konnte.

Fast alle Transporte gingen meistens per Auto in der Nacht von Graz weg zur Grenze, um jedes Aufsehen zu vermeiden. Auch über die Grenze konnte diese nur bei Nacht oder bei Morgengrauen passiert werden. Bis nach Agram mußte die Nacht per Weiterreise benutzt werden. Im Laufe der Zeit und die vielen abgewickelten Transporte und damit verbundenen zugetroffenen Anzeigen, kam ich mit den Grenzwachen oft in engste Berührung. Dies hatte zur Folge, daß ich sie näher kennen lernte und ich mich mit ihnen anfreundete. Ich schildere diesen Leuten die Zwangsmaßnahmen gegen die Juden im Reich, ihr Leid, ihre Not und Bedrängnis, denen dies als einfache Menschen zu Herzen ging. Schließlich kam ich mit ihnen überein und stellte ein Angebot, wonach die beteiligten Grenzsoldaten von mir für jeden Transport, den man mir ungehindert durchließ, einen größeren Geldbetrag erhalten würden. Ich war bereit pro Transport, je nach dessen Größe 6.000 bis 8.000 Dinar zu bezahlen, was auch geschah. Späterhin blieb das kein Geheimnis mehr und zog größere Kreise nach sich, sodaß eines Tages Grenzoffiziere an mich mit dem Bemerken herantraten, nur durch sie könne in Zukunft solche Transporte schwarz über die Grenze gebracht bez. durchgeführt werden. Die ersten Abmachungen mit den damit verbundenen Geldausgaben, betreffend die Transporte über die Grenze gingen reibungslos durch. Langsam steigerten die Offiziere an der Grenze ihre Forderungen und es kam dann soweit, daß ich für zehn Transporte 50.000,- Dinar im voraus bezahlen mußte und schon nach dem Gelingen des vierten Transportes mit weiteren Ansprüchen an mich herantrat. Bei einer Ablehnung von meiner Seite aus wären die Transporte aufgefangen und unter Umständen unmöglich gemacht worden. Zu solchen enormen Hindernissen und Schwierigkeiten kam noch das Verhalten einzelner Leute dazu, die fast bei jedem Transporte zu finden waren und oft genug den ganzen Transport gefährdeten. Das undisziplinierte Verhalten, die Angst vorm Erwischtwerden, nervöse Zustände, das Nichtbefolgen der Verhaltungsmaßregeln und vieles mehr waren Anlaß und Ursache von Verwicklungen und Heraufbeschwören von Gefahren, die uns in manche unangenehme Lage brachten, aus der nur schwer herauszukommen war. Mitunter gelang es wohl manchem sein größeres Gepäck durchzubringen und die Zollstelle zu umgehen, hatten sich aber eine Last auferlegt, die bei einem weiteren Fußmarsch nicht zu bewältigen war.

Jeder wurde ausdrücklich darauf aufmerksam gemacht das Mitschleppenwollen zu unterlassen und ihnen vor Augen geführt wie hinterlich dies sei und es außerdem auch verboten war, aber trotzdem gab es immer wieder solche, die dies nicht befolgten. Die weitere Folge davon war, sie mußten das Gepäck bei einen Bauern zurück lassen, andere wieder warfen es von sich und vielen wurde durch die Zollbehörde das Gepäck beschlagnahmt. So ergaben sich fast täglich neue Schwierigkeiten und Unannehmlichkeiten.

Der Andrang zum Abtransport der Juden in Wien nahm Formen an, die kaum zu bewältigen waren. Viele waren darunter, die schon für den Transport ins K.Z. bestimmt waren und flüchteten nach Graz zu mir und suchten Schutz und Hilfe. In den verschiedenen Grenzdörfern war eine Überfüllung durch die Juden. Mit der Stapo Graz stand ich in dauerndem Konflikt und mußte alles aufbieten um für kurze Fristen die Duldung solcher Zustände zu erreichen. Dazu kam der besonders erschwerende Umstand, daß Juden in Wien die vor der Verhaftung standen, heimlich Wien verließen, sich bei mir in Graz meldeten, ich sie verstecken mußte und mit aufgehobenen Händen baten, sie sofort über die Grenze zu bringen. Das Ergebnis solcher Hilfeleistung bezahlte ich mit meiner Verhaftung, man überstellte mich nach Wien und unterzog mich eines scharfen Verhöres. Durch solche Maßnahmen waren die Juden gezwungen auf meine Rückkehr zu warten bis man mich aus der

Haft entließ. Nachdem es sich schon herum gesprochen hat, daß das Mitnehmen von Gepäck über die Grenze mit fast unüberwindlichen Schwierigkeiten verbunden ist, kamen viele zur Einsicht und deponierten bei mir am Glockenspielplatz ihr Gepäck. Bei einer Kontrolle seitens der Zollfahndungsstelle Graz, die durch eine Anzeige ausgelöst wurde, nahm man das gesamte Gepäck in Beschlag. Dies wiederholte sich einige Male. Es gelang mir wohl einiges Gepäck sicher zu stellen und nach Wien an das Auswandererbüro abzusenden, um es an die Angehörigen der Zurückgebliebenen zu übergeben. Was die Zollbehörde beschlagnahmte war naturgemäß meines Einflußes entzogen. Es gelang mir größere Posten Handgepäck durch die Firma Achter, Spedition Wien nach Agram zu Hicem transportieren zu lassen. Durch die gelungenen Transporte einerseits und durch das Auswandererbüro in Wien anderseits, bin ich so populär geworden, daß aus allen Teilen des Deutschen Reiches die Leiter der jüdischen Kulturgemeinden mit mir Verbindung suchten und beim Auswandererbüro in Wien vorsprachen. Nachdem ich schon so viele Juden über die Grenze in Sicherheit brachte, konnte ich jenen Vertretern, die in Wien vorgesprochen nicht absagen und nahm mich jener Juden zum Abtransport an, die am meisten gefährdet erschienen. Somit kamen aus den übrigen Teilen des Deutschen Reiches Juden nach Wien zum Abtransport und zwar aus: Hamburg, Berlin, Billefeld, Stuttgart, Leipzig, Bresslau, Frankfurt, München u s.w. Auch diese Handhabung der einzelnen Städte war so, daß sie sich dortselbst bei einem Reisebüro melden mußten, und dann ans Auswanderungsbüro Wien verwiesen wurden und über Wien denselben Weg wie alle anderen, über die Grenze nahmen. Die eingezahlten Beträge gingen zentral zu Treuenhänden an das Auswanderungsbüro Wien. Für diese Neuangekommenen galten dieselben Vorschriften punkto Reise usw. Nun war es so organisiert, daß ich alle Juden, welche auswandern wollten, im ganzen Deutschen Reiche, durch das Auswanderungsbüro Wien zum Abtransport über die „grüne Grenze" zugewiesen erhielt. Es folgte darauf ein nie endenwollender Zustrom von Menschen und Flüchtlingen. Durch den Kriegsausbruch wurde die Unterbringung der Juden im Ausland von Tag zu Tag schwieriger. Mit jeder neuen Eroberung, bzw. Besetzung eines Landes durch Hitler wurde die Aussicht Juden unterzubringen kleiner. Mit allen mir zu Gebote stehenden Machtmitteln versuchte ich einen vernünftigen Ausweg zu schaffen. Mittels Flugzeug und im Besitze von Ausweisen und Empfehlungsschreiben seitens der jüd. Kultusgemeinden aller Länder flog ich sechsmal über Europa und von einem Land ins andere, nur zu dem Zwecke Juden ein sicheres Asyl zu verschaffen. Durch die Kriegsereignisse blieb nur noch ein Land offen, und das war Jugoslawien.

Die Brandfackel des Krieges drohte auch bald Jugoslawien zu vernichten. Ich hatte die Sammelstellen in Graz u. an der Grenze voll mit Flüchtlingen. Am 12. März 1941 wurde ich durch eine neuerliche Anzeige, dies war die dreizehnte, von der Zollfahndungsstelle und im höheren Auftrage der Gestapo verhaftet. Mit mir wurden zka 15 Personen, die als Grenzbewohner mit mir mitgearbeitet haben und bei der Führung von Juden über die Grenze beteiligt waren, *verhaftet*. Während meine Mitarbeiter nach mehr oder weniger längerer Zeit entlassen wurden, machte man mir nach 10monatlicher Haft den Prozess. Man beschuldigte mich schwerster Devisenvergehen durch Zahlungen der Transporte im Ausland in Markbeträgen und Devisen. Wie groß der Aufbau der Organisation im Ausland war und die Gelder die ich für diese Transporte zu bezahlen hatte, geben durch die beigeschlossene Anklageschrift der Staatsanwaltschaft Graz beim Landesgericht unter G.Zl. 24 Vr 612/41 82 vom 9. 10. 1941 ein beredes Zeugnis, wobei ausdrücklich betont sei, daß ich damals alles abstreiten mußte und selbst dieser Teil von seites der Anklagebehörde nur in ganz geringen Maße zur Kenntnis gelangt ist. Man konnte mir nur einen Bruchteil von dem nachweisen, was in allerletzter Zeit sich abspielte. Dies aus dem Grunde, weil ich vorsichtshalber jede Aufzeichnung und Verträge im Ausland unmittelbar in Sicherheit brachte. Es steht diese Anklage gegenüber den wahren Tatsachen in keinem Verhältnis.

Um meiner selbst willen mußte ich schauen, aber auch um die Tausenden von Angehörigen der geflüchteten Juden, die sich noch im Deutschen Reich befanden, vor großen Schaden und Strafen zu bewahren. Während dieser 10monatlichen Haft mußte ich Furchtbares und Unbeschreibliches erdulden. Meine Einvernahmen von einem Herrn Strobl und Epple, beide Angehörige der Zollfahndungsstelle Graz waren sadistisch. Bei jeder Einvernahme bedrohte man mich mit der Todesstrafe und sagte ich hätte mindestens 20 Millionen für die Juden ins Ausland gebracht und wurde als Bandenführer der Juden bezeichnet.

106

Ich gebe einen kleinen Wortlaut aus meiner Anklage-schrift wieder:

Auf Seite zehn heißt es: ‚Es handelt sich bei diesen Devisenzuwiderhandlungen um einen besonders schweren Fall. Der Beschuldigte hat in gewinnsüch-tiger Absicht gehandelt, und auch in dieser Absicht die umfangreiche Schmuggelorganisation aufgebaut. Wie schon erwähnt konnte der Beschuldigte nur durch diese Organisation, die sich vor allem in das Ausland erstreckte, und vom Inland aus nach dort fi-nanziert werden mußte, das einträgliche Geschäft überhaupt beginnen und zu einem Erfolg verspre-chenden Ende bringen. Wenn er also überhaupt den Judentransport durchführen wollte, mußte er um-fangreiche Finanzierungen im Ausland vornehmen. Es ergänzt sich somit Gewinnsucht und die verbre-cherische Absicht des Beschuldigten auf Begehung umfangreicher Devisenschiebungen. Die planmäßig aufgebaute Organisation und die Inanspruchnahme vieler Personen zur Durchführung dieses Geschäftes weist auf ein bandenmäßiges Handeln. Die versch-obenen Werte sind an sich hoch und es ist für die Be-urteilung des schweren Falles nicht zuletzt der Um-stand maßgebend, daß sich der Beschuldigte mit Ju-den verband, um diesen und sich selbst Devisenschie-bungen zu ermöglichen.'

Daß ich bei jeder Einvernahme noch außerdem beschimpft und mißhandelt wurde, will ich nicht erst ausführlich berichten, doch nicht unerwähnt lassen.

Zurückkommend auf die Transporte gelang es mir im Laufe des letzten Jahres aus den verschiedenen Konzentrationslagern Hunderte von Juden frei zu bringen und schaffte sie kostenlos über die Grenze.

Weiters hunderte Juden brachte ich aus den Polizei-
gefängnissen Graz und Wien heraus, die ich zum
großen Teil unentgeltlich ins Ausland schaffte. Ich
habe große Kindertransporte aus allen Teilen des
Deutschen Reiches gut und wohlbehalten über die
Grenze und ins Ausland gebracht. Im Alter von sechs
Monaten bis zu fünfzehn Jahren wurden diese Kinder nach Agram geleitet. Tausende solcher Kleinen
wurden gerettet und selbst schwangere Mütter verhalf ich in das sichere Ausland. Was in meinen Kräf-
ten stand wurde unternommen, um diesen verfolgten
Menschen groß und klein, alt und jung, zu helfen.

Daß diese Transporte laufend fast 3 1/2 Jahre hindurch Unsummen verschlangen ist wohl selbstverständlich. Die Beschaffung von Einreisebewilligungen, das Organisieren von Schiffen, Bereitstellungen
von Fahrzeugen aller Art, Unterbringungen, Verkö-
stigungen, Bestechungsgelder im Ausland, Beschaffen
von Devisen aller Länder, Internationale Fernge-
spräche, die Flugverkehrsmitteln und hundert andere
Ausgaben und verursachten Kosten stiegen an Zahlungen ins Gigantische.

Die Führung der Transporte wurden von mir ge-
wissenhaft durchgeführt und die dafür berechneten
Kosten waren für jeden Beteiligten klar und verständlich. Würde ich mir im damaligen nationalsozialistischen Staate irgend eine Unkorrektheit zu
Schulden kommen haben lassen, so würde ich schon
längst nicht mehr unter den Lebenden sein, auch hätte ich unmöglich 3 1/2 Jahre hindurch die Transporte
leiten können. Ich habe nichts weniger, als irgend einen Schutz von jemanden zu erwarten gehabt, und
war von keiner Partei geschützt. Im Gegenteil, man

hat mich oft genug eingesperrt. Mein stattgefundenes Strafverfahren im Jahre 1941 und die darauffolgende Verurteilung beweist eindeutig, daß ich mir durch die Judentransporte kein Vermögen schaffen konnte. Denn damals hat der ganze behördliche Apparat und der war im NS Staate nicht gering, gearbeitet, um mir Unkorrektheiten oder sonstige Verfehlungen nachweisen zu können. Wenn ich mir bei den Judentransporten wirklich ein Vermögen geschafft haben würde, so wäre dies mir wohl kurzer Hand abgenommen worden. Mein damaliges Einkommen betrug jedoch nicht mehr, als man um eine vielköpfige Familie zu erhalten braucht, und darüber hinaus blieb nur Weniges.

Was waren nun die Folgen dieses Prozesses und der darauf folgenden Verurteilung? Mein Eigentum wurde beschlagnahmt, mein Schmuck versteigert um die hohe Geldstrafe bezahlen zu können. Alle durch meine Haft verursachten und entstandenen Kosten wurden zwangsweise eingetrieben, das war mein Gewinn bei den Judentransporten und die Beschlagnahme meines gesamten Vermögens.

120.000 Menschen schaffte ich ins Ausland hinter denen die Vernichtung stand. Tag für Nacht war ich unter den schlimmsten Verhältnissen unterwegs, brachte Opfer und setzte mich den Gefahren aus. Dreimal wurde ich im Ausland angeschossen, verprügelt, eingesperrt und selbst oft genug gehetzt. An Hand des beigeschlossenen Materials, dessen Schriftstücke nur ein ganz kleiner Bruchteil von dem ist, was noch in meinem Besitze sich befindet geht einwandfrei hervor, daß ich mich nicht nur ehrlich bemühte Juden zu helfen, sondern darüber hinaus genaue und anständig saubere Arbeit leistete. Bei solchen durchgeführten Massentransporten ist es nicht zu verhindern daß, der Eine oder Andere zu Schaden kommt und ist dies von mir unabhängig. Dieses illegale Schwärzen von Menschen über die Grenze ins Ausland war eben kein Ausflug, keine Ferienreise und wurde jeder daran Beteiligte auf alle Gefahren, die naturgemäß damit verbunden sind, ausdrücklich darauf aufmerksam gemacht. Es war jedem klar, was er mitnehmen durfte und was nicht. Wenn sichs nun ereignete, daß Koffer durch die Zollfahndungen, Anstände auf der Grenze beschlagnahmt wurden, so habe nicht ich das zu verantworten und trifft mich keine Schuld. Wenn jemand mehr mit sich führte, als erlaubt war und verboten wurde, so hat wohl jeder selbst für den eingetretenen Schaden aufzukommen. Aber selbst in solchen Fällen gab ich mir volle Mühe, wenn es ging jeden vor Schaden zu bewahren. Bei mir wurde jedes Gepäck entweder an die Angehörigen des Ausgewanderten zurück geschickt, oder wenn es ging, dem Betreffenden nachgesandt. Über jede Kleinigkeit wurde bei mir ein Vermerk vorgenommen und der Sache nachgegangen. Wie viele gab es, die ihr Gepäck bei einem Bauern an der Grenze zurückließen, einsetzten oder jemanden anderen übergaben und wiederum vielen wurde das Gepäck beim Grenzzoll abgenommen. Ja es kam vor, daß Leute ihren Koffer verschenkten. Das hier Gesagte geht aus beigeschlossenen Aufzeichnungen und Schriftstücken klar hervor. Allein meines Wissens sind zka 1000 Stück Koffer u. Handgepäck durch die Zollbehörde beschlagnahmt worden und was noch alles ohne mein Wissen, entzieht sich naturgemäß meiner

Kenntnis. Tausende Juden brachte ich unentgeltlich über die Grenze und unterstützte noch zurückgebliebene Juden.

Ich habe nie einer Partei angehört auch nicht im Nazi-Staat und war immer bereit nach Möglichkeit jenen zu helfen, die in Not waren, und so manchen Nichtjuden habe ich aus Deutschland zur Flucht verholfen.

Wenn dann und wann mal einer den anderen im Nazi Staat vor Schaden bewahrte, so hatte er sich daraus einen Verdienst gemacht und wurde belohnt. Ich rettete tausende Menschen vor dem sicheren Tode und habe bis 1944 Ende, noch nachweisbar Juden in Wien unterstützt.

Im Namen der Menschlichkeit habe ich gehandelt und aus allen Teilen der Welt sind mir Dankschreiben und Grüsse übermittelt worden und nun will man mir nach dem Kriegsverbrechergesetz einen Prozeß machen, soll das der Dank, soll das mein Lohn sein?

Was mir als Gewinn geblieben ist, sind Berge von Papier, Aufzeichnungen und Schriftstücke, aus denen unter anderem die Segens- und Glückwünsche, Beteuerungen und Versicherungen ewiger Dankbarkeit zu mir sprechen, geschrieben von Menschen die damals den Tod vor Augen hatten und eine Unzahl herzlicher Grüsse und Wünsche für mein Wohlergehen aus allen Ländern und nun – meine Haft – das letzte, was man mir nehmen konnte meine – Freiheit.

Schleich Josef

Geschrieben im Landesgericht Graz, den 14. März 1948"

Betroffen hielt Hans das einzige persönliche Schreiben, das er je von seinem Vater sah, in der Hand. Wir hatten gelernt, daß ein Indianer nicht weint, doch Hans ging es wahrscheinlich ähnlich wie es mir ergangen war, denn durch das Schreiben wurde alles lebendig, nahm Gestalt an. Das Schreiben war nicht nur an den Untersuchungsrichter, an das Landesgericht für Strafsachen gerichtet, es war und ist an alle Beteiligten gerichtet, an Deutsche, Österreicher und Juden. Es ist an alle Menschen gerichtet, die wissen, ohne Dunkelheit kann es kein Licht der Erfahrung geben. Ich halte es oft in Händen, neunzehn eng beschriebene große Seiten. Papa schrieb in diesen Seiten alles nieder, wie es begonnen hat und was alles geschah. Es deckt sich mit den Unterlagen, mit den Beweisen, die ich noch habe. Menschen brauchen Beweise, um zu glauben. Ich habe Namenslisten von Juden, die noch offiziell ausreisen durften, Bittbriefe von Verzweifelten. Mutti erzählte mir, wie Menschen mit bittenden Händen vor der Türe gestanden sind, wie sie ihr ganzes Hab und Gut angepriesen haben, um über die Grenze gebracht zu werden. Briefe von Verzweifelten, die um Hilfe für ihre Angehörigen baten, viele Dankesbriefe von Geretteten mit Bitten für ihre Freunde und Verwandten, viele Anerkennungsschreiben von den verschiedenen israelitischen Kultusgemeinden, all diese Dokumente existieren noch, genauso wie die Schreiben der Gestapo, NSDAP, Unterlagen, die historischen und persönlichen Wert haben. Es gibt Zeugenaussagen von den Bauern an der Grenze, bei denen Juden bis zu einigen Wochen untergebracht waren. Ich bin diesen Spuren gefolgt und habe viele Tage an der südsteirischen Grenze zugebracht. Zu Fuß bin ich einige dieser Wege abgegangen, doch ich hatte den Vorteil, daß ich sie unbeschwert und bei Tag gehen konnte. Ich bin es gewohnt, steile Wege zu gehen, denn ich habe viele Jahre in den Bergen gelebt. Aber ich bin auch mit dem Auto diese Strecken abgefahren, um einige der Grenzbauern von damals zu suchen. Das Grenzgebiet zwischen Slowenien und Österreich zu besuchen und dort wandern, ist ein schönes Erlebnis. Heute führen, im Gegensatz zu früher, gut ausgebaute, asphaltierte Straßen zu den Bergbauern an die Grenze, von dort gibt es weitere schöne Wanderwege. Die Gegend ist als Weinland bekannt, Buschenschenken auf rebbewachsenen Hügelketten bieten eine wunderschöne Aussicht weit ins Land. Orte wie Leutschach, Kitzeck, Arnfels, Ehrenhausen, Gamlitz und noch viele andere laden zum Besuch ein. Fruchtige Weine, üppige Bretteljausen, gebratene Kastanien und nicht zuletzt die selbstgemachten Köstlichkeiten der Bäuerinnen, haben die Erinnerung an das damals unterentwickelte Voralpenland verblassen lassen. In Gedanken habe ich versucht, die Ereignisse jener Zeit nachzuempfinden. Es kann nur ein winziger Bruchteil dessen sein, was sich damals zwischen 1938 und 1941 getan hat. Die Grenzabschnitte, an denen illegale Übertritte stattfanden, reichten von der Dreiländergrenze Ungarn-Österreich-Jugoslawien bei Minichhof-Liebau, wo noch Flachland ist, weiter über Radkersburg, bis zum unwegsamen Poßruckgebirge und weiter entlang des gesamten Karawankenzuges. Wenn man das Gelände kennt, kann man sich gut vorstellen, daß die nächtlichen Touren beileibe keine Spaziergänge waren. Ich suchte die Adressen auf, die ich in den Unterlagen gefunden habe, und konnte tatsächlich noch einige Zeitzeugen antreffen. So habe ich erfahren, daß die Grenze immer schon ein Schmuggelgebiet gewesen war, und den Einheimischen zahlreiche Schleichwege abseits der offiziellen Grenzübergänge bekannt gewesen waren. Die Kontrollgänge der Zöllner auf beiden Seite der Grenze wurden genau beobachtet. So war es möglich, die Kontrollen bei finsterer Nacht und oft auch dichtem Nebel zu umgehen. Nicht jede Nacht eignete sich für das Vorhaben, und die Menschen mußten oft tagelang warten, bis alle Voraussetzungen günstig waren. Bei Nacht wurden sie mit Autos von Graz zur Grenze gebracht, im Tal war Zwischenstation und mit Führern ging es bei Nacht zu Fuß weiter zu den Bauern, wo sie vorerst untergebracht wurden. Bei einem Hof traf ich auf eine Zeitzeugin (Name ist dem Verlag bekannt), die sich noch genau erinnern konnte. Als ich sie über die Ereignisse jener Zeit befragte, meinte sie: „Uns haben diese Menschen so leid getan. Arm waren diese Menschen, nichts hatten sie mit, nur ihre Angst war mit ihnen." Sie schliefen im Heu und warteten auf eine Möglichkeit, über die Grenze zu kommen. Wenn der Zeitpunkt günstig war, ging meist ein Führer mit zwei jungen, kräftigen Flüchtlingen voraus, und wenn in ein, zwei Stunden nichts geschah und alles still blieb, folgte der nächste Führer mit einer weiteren Gruppe. Sie mußten mehrere Kontrollstellen umgehen, und es dauerte oft Tage, bis sie durchgekommen waren. Immer wieder passierte es, daß sie kurz vor dem Ziel aufgegriffen wurden. Die Führer mußten dann so schnell wie möglich verschwinden, um nicht verhaftet zu werden. Die Aufgegriffenen wurden nach Wien abgeschoben, oft geschlagen und mißhandelt. Die Führer haben das nicht verhindern können, sie mußten aufpassen, daß sie nicht selbst erwischt wurden. Jeder neue Transport ohne Führer wäre sonst gefährdet gewesen. Sie riskierten täglich ihr Leben. Die Juden aßen mit den Bauern das wenige, das diese anzubieten hatten. Dadurch, daß der Schleich gut bezahlte, konnten sie einiges im Schleichhandel von den Jugoslawen erhandeln. In der Gegend wuchs nicht alles, und die Ernte war vom Wetter abhängig. Der Türkensterz (Polenta), die einstige „Nationalspeise" der Südsteirer, füllte zum Frühstück den Magen. Wenn der Sterz locker wie ein Schmarren gemacht und mit frischer Milch übergossen wurde, hatten das alle gern. Im Sommer war es noch relativ leicht, aber der Winter brachte den Schrecken. Es schneite manchmal tagelang, und der Schnee reichte bis an die Fensterbretter, oft wurde es erst Anfang April, wenn das Föhnwetter kam, wieder wärmer. Die nicht mehr ganz junge Erzählerin erinnerte sich mit viel Gefühl an die Geschichten von damals, und sie sprach aus dem Herzen. „Mein Mann, mein Vater und viele Leute von hier waren überzeugt, daß sie das einfach tun müssen. Wir an der Grenze haben selbst viel erlebt, als die Grenze einfach gezogen wurde. Geschwister und Verwandte waren plötzlich nicht mehr Österreicher, sie waren im Feindesgebiet. Wir konnten hinüber sehen, aber nichts tun. Zu Hause hatten wir einen mittelgroßen Bauernhof, andere waren Kleinlandwirte, Pächter oder Keuschler. Die bewirtschafteten Flächen erstreckten sich die kargen Berghänge weit hinauf. Kein Fleckerl Acker und keine noch so steile

115

Wiese blieb unbewirtschaftet. Wir waren gewohnt, zusammenzuarbeiten, einander zu helfen, das meiste wurde mit der Hand erledigt, denn es gab keine Ernte- und Anbaumaschinen. Wir waren Bergbauern, von Kindheit an außergewöhnliche Strapazen gewöhnt. Das Getreide haben wir am Rücken nach Hause getragen. Wir gingen zu Fuß in die Schule und nach Hause, und dort wartete dann die Arbeit auf uns. Dein Vater, der Schleich, hat das alles gewußt, sonst hätte er das hier nicht organisieren können. Der Schleich wußte auch von unserer Not. Oft war er selbst dabei, er war für alle Sicherheit. Er hat nie viel geredet, aber seine Augen waren überall.

Viele Bauern waren in dieser Zeit hoch verschuldet, Steuern und Versicherungen waren zu bezahlen, die Kaufleute im Dorf wollten auch ihr Geld für die Waren, und es gab für uns wenig zu verkaufen. Nirgends gab es eine Unterstützung für die Keuschler, die Besitzer wollten ihren Pachtschilling. Es hat zwar 1938 einmal ein bisserl besser ausgeschaut. Da ist uns viel versprochen worden, denn wir Bauern sollten für Nachschub sorgen. Wir waren aber skeptisch, zuviel Elend haben wir an der Grenze schon erlebt, und die Erleichterung war auch wirklich nur kurz. Arg erlebten wir das Spitzelwesen. Wir Bergler zweifelten an den guten Absichten Hitlers. Wir erlebten, daß jeder, der mit den Nazis nicht einverstanden war, zum Volksfeind erklärt wurde und mit dem Schlimmsten zu rechnen hatte. Einige Frauen im Dorf, wo die Männer Nazifreunde waren, sind plötzlich schwarz gekleidet gewesen, für Volk und Vaterland gefallen hieß es, und sie sollten auf ihre Helden stolz sein. Es war eine Zeit der Angst und des gegenseitigen

Mißtrauens, so wurden wir alle Einzelgänger, doch es war eine menschliche Pflicht, den armen, verfolgten Juden zu helfen. Die illegalen Grenzführungen waren aber trotz der damit verbundenen Gefahren auch eine Möglichkeit etwas zu verdienen. Keiner hat darüber gesprochen, aber viele haben mitgemacht. Wir haben alle mitgefühlt mit den verfolgten Juden, weil für uns waren alle Menschen gleich. 1941 war es dann plötzlich aus, einige von unseren Leuten wurden verhaftet. ‚Den Schleich haben sie erwischt‘, hieß es. Groß war die Angst bei den Verhören vor der Vergeltung der Gestapo. Aber es ging glimpflich aus, alle haben ziemlich dicht gehalten. Wieviele Menschen wirklich über die Grenze gegangen sind, haben die Nazis nie erfahren, auch wir haben die Zahl nie gewußt. Deinen Vater, den Schleich, hat es damals wohl auch erwischt."

Ein anderer Grenzbewohner (Name ist dem Verlag bekannt) berichtete: „Ja, den Schleich habe ich gekannt, ich war noch ein Bub, aber den Namen werde ich nie vergessen. Ich weiß noch heute, wie er geschaut hat. Immer hatte er einen Hut auf mit einer großen Krempe, elegant hat er ausgeschaut. Viel hat er nicht geredet, aber er war immer zu allen freundlich. Bei uns waren oft Juden versteckt. Es waren meist reiche Leute, das hat man beim Reden gehört. Mit niemanden durfte ich darüber reden."

Um das Risiko und die Schwierigkeiten der illegalen Grenzübertritte wenigstens etwas zu verkleinern, gab es neben den gesetzlichen Bestimmungen, Beschränkung des Gepäcks und des Geldes, das ausgeführt werden durfte, ein genaues Informationsblatt, daß an alle Auswanderungswilligen, die über das Palästinaamt ausreisten, ausgehändigt wurde:

„Informationen für Auswanderungsinteressenten.

1. Teilnahmebereichtigt sind gesunde Personen im Alter von 14 bis 65 Jahren beiderlei Geschlechts.

2. Kinder unter diesem Alter werden nach Möglichkeit mit den Eltern oder in geschlossenen Kindertransporten unter Aufsicht geführt.

3. Die Transporte werden in Gruppen von ca. 5 Personen zusammengestellt und werden persönliche Wünsche weitgehendst berücksichtigt.

4. Der Abtransport der Teilnehmer geschieht womöglichst in genauer Reihenfolge der Voranmeldung. Es wird daher ersucht, sich im Palästina-Amte, Wien, I. Marc Aurelstrasse 5, 3. Stock, rechtzeitig zu melden.

5. Zugelassenes Gepäck für Herren:
Normale Aktentasche (kein Rucksack), 2 Hemden, 2 Unterhosen, 6 Taschentücher, 2 Paar Socken, 1 Paar Schuhe, Rasier- und Waschzeug.
Damen:
2 Kombinationen, 2 Höschen, 1 Kleid, 1 Paar Schuhe, 2 Paar Strümpfe, 6 Taschentücher und Toiletteartikel.

6. Das andere Gepäck muss nach den gültigen Bestimmungen der Devisenbestimmungen abgefertigt werden.

7. Jede ausreisende Person hat das Recht, 10 (zehn) Reichsmark in 2 Fünfsilbermarkstücken (kein Papiergeld!) ins Ausland mitzuführen.

8. Wenn ein Transport aus technischen Schwierigkeiten wiederholt werden muss, ist keine wie immer geartete weitere Aufzahlung zu leisten.

9. Die Einzahlung der gesamten Reisekosten erfolgt im voraus zu treuen Handen des Palästina-Amtes (Dr. Grün).

10. Falls einer der Reiseteilnehmer seine Reise aus irgendeinem Grunde widerruft, so wird eine Stornogebühr von RM 150,- (Einhunderfünfzig) in Abzug gebracht.

11. Bei Misslingen durch höhere politische Gewalt wird ein Betrag von RM 200,- (zweihundert) in Abzug gebracht.

12. Die Reiseleitung lehnt jedwede Haftung in persönlicher, wie auch materieller Hinsicht ausdrücklich ab. Die Teilnahme an dem Transport geschieht ausschliesslich nur auf eigenes Risiko des Teilnehmers.

13. Den Anordnungen der Reiseleitung ist unter allen Umständen strengstens Folge zu leisten. Zuwiderhandelnde können ausgeschlossen werden.

14. Meine persönlichen Sprechstunden sind Sonntag und Mittwoch von 8 – 12 Uhr Mittag.

15. Lebensmittelkarten sind mitzubringen.

Der Reiseleiter:
Josef Schleich"

Trotz aller Umsicht und Vorsichtsmaßnahmen kam es natürlich auch vor, daß ein Transport aufflog, daß etwas schief lief, daß Schwierigkeiten auftauchten. Es gibt daher auch einige Schimpfbriefe von Menschen, die unzufrieden waren, weil die Flucht beim ersten Mal nicht geglückt war, oder weil Papa wieder einmal festgenommen worden war, dies passierte nachweislich dreizehn Mal, wobei dann bei den Menschen das Gefühl aufkommen konnte, er habe sie im Stich gelassen. Er konnte sich nicht immer persönlich um alle kümmern, und die Menschen an den Grenzen wußten oft nicht weiter, wußten nichts von einer Verhaftung. Es gab Unglückliche, die erwischt, mißhandelt und zurück geschickt wurden, und es gab leider auch welche, die sich aus Angst oder Nervosität nicht an die vorgegebenen Verhaltensmaßregeln gehalten haben. Wenn die Transporte dann scheiterten, fühlten sich die Menschen hintergangen. Gepäckstücke, die nicht mitgenommen werden konnten, wurden entweder den im Inland verbliebenen Verwandten zugeschickt oder über Speditionen nachgesandt. Über diese Aktionen gibt es noch schriftliche Vereinbarungen und Rechnungen mit den Fuhrunternehmen. Doch es konnte natürlich auch vorkommen, daß infolge der Kriegswirren nicht alle Gepäckstücke ihre Bestimmungsorte erreichten. Auch im Haus und in der Wohnung Papas wurden durch die Zollfahndung und die Gestapo immer wieder blitzartige Hausdurchsuchungen und Beschlagnahmungen durchgeführt, oft konnten diese Gepäckstücke nicht mehr rechtzeitig verschickt werden. Manchmal herrschte das reinste Chaos, viel zu viele Menschen standen hilfesuchend vor der Türe. Aus Erzählungen weiß ich, daß Papa oft nicht mehr wußte, wohin mit den vielen Menschen. Die Wohnung am Glockenspielplatz, das Haus, der Betrieb in der Münzgrabenstraße, die Garagen, die Ställe alles war voll mit verzweifelnden Menschen, die bei Tag nicht hinaus durften. Das Haus und die Wohnung waren für diesen Ansturm nicht eingerichtet, Nottoiletten mußten errichtet werden. Es gab kaum Waschgelegenheiten. Doch alles wurde in Kauf genommen, denn es ging nur darum, Leben zu retten. Obwohl die Gestapo zumindest teilweise informiert war, was auch teuer genug kam, da viele ihre offene Hand hinhielten, war die ganze Aktion in ihrem gewaltigen Umfang doch illegal. Alle paar Tage war die Zollfahndung im Haus und nicht zimperlich beim Mitnehmen, doch alles natürlich unter dem Deckmantel der Legalität, ehrenwert im Namen des Nazi-Staates. Aus den Prozeßunterlagen geht eindeutig hervor, daß „Schmiergeld" an Gestapo, an Zollfahnder, auch an jugoslawische Grenzwachen und Offiziere bezahlt wurde. In einem schriftlichen Zeugenprotokoll gibt Papa an, daß er 24 Pelzmäntel gekauft und an die Gestapo geliefert habe. Mein ältester Bruder erzählte, daß Tausende Eier und zahlreiche Hühner und Schafe aus der eigenen Farm ihren Besitzer gewechselt haben, um Gefälligkeiten zu bekommen.

Papa war sicher kein Heiliger. Er war ein Lebemann und Abenteurer. Er war ein Mensch mit einem Selbsterhaltungstrieb, wie er jedem Menschen eigen ist, und er war auch Kaufmann. Man muß all diese Aspekte miteinbeziehen. Ich habe lange dafür gebraucht, dieses Bild des Lebemanns, Kaufmanns, Abenteurers und untreuen Ehemanns, durch die schwere Krankheit schon gekennzeichnet, zu einem Gesamtbild Vater erstehen zu lassen.

Ich überreichte Hans auch noch die Niederschrift der Kriminalpolizei Graz vom 11. 2. 1946. Die Anklage lautete auf Mißhandlung von Juden und Bereicherung auf Kosten jüdischer Opfer.

„Niederschrift aufgenommen mit dem Geflügelzuchtanstaltsinhaber Josef Schleich geb. am 22. 1. 1902 in Graz, dahin zust., rk., verh., Eltern Josef und Theresia, Volks-Bürger-und Staatsgewerbeschule, Vermögen 100.000,- RM, bzw. Schilling, in Graz, Glockenspielplatz Nr. 7 wohnhaft, welcher auf Vorladung erscheint und folgendes angibt:

,Mir wurde die Information bekanntgegeben und ich gebe hierzu folgendes an:

Es ist richtig, dass ich seit dem Jahre 1938 ca 120.000 Juden vom deutschen Reichsgebiet in das Ausland verschoben habe. Als im Jahre 1938, nach der Besetzung Österreichs durch Deutschland die Judenverfolgung begann, bemühten sich grossteils der Juden ins Ausland zu kommen. Amerika war zur damaligen Zeit bereit, ca 60.000 Juden aufzunehmen, jedoch nur solche, die in der Landwirtschaft geschult und verwendungsfähig waren. Die jüdische Kultusgemeinde von Graz (Leiter Dr. Löwi und Grünschlag) trat nun an mich heran, die nach Amerika fahrenden Juden auf Geflügelzucht und Landwirtschaft umzuschulen. Ich war mit diesem Vorschlag einverstanden und habe bei der NSDAP angesucht, Schulungskurse für Juden unter staatspolizeilicher Aufsicht abhalten zu dürfen. Auf Grund meines Ansuchens wurde ich sofort in Haft gesetzt. Gleichzeitig hat auch die Jüdische Kultusgemeinde gesondert angesucht. Auf Grund dieses Ansuchens wurde ich enthaftet und erhielt die Erlaubnis für 120 Personen den Kurs abzuhalten, mit Einverständnis der Staatspolizei erhöhte sich die Besucherzahl auf 600. Später kamen noch Wienerjuden dazu, sowie auch Juden aus dem Protektorat und vom Altreich. Die Kursdauer betrug 6 Monate und erhielt ein jeder Teilnehmer ein ordnungsgemässes Zeugnis. Mit diesem Zeugnis erhielt er auch durch das amerikanische Konsulat von Wien die Ausreisegenehmigung nach Amerika. Dieser Vorfall hat sich bei den Juden herumgesprochen und ging das Unternehmen so weit, dass ich späterhin keine Kurse mehr abhielt, sondern nur Zeugnisse ausstellte. Durch diesen Vorgang konnten ca. 15.000 Juden Ordnungsgemäss das Deutsche Reich verlassen. Während dieser Kursdauer wurde von Seite der Staatspolizei Graz das Unternehmen dreimal gesperrt, weil die Juden nach Beendigung des Kurses in meinen Räumen politische Versammlungen abhielten. Durch die amerikanische Gesandtschaft in Wien wurde die Abhaltung der Kurse dahingehend behindert, daß diese keine Einreisebewilligung mehr erteilte.

Da die Judenverfolgung in Deutschland immer ärger wurde und die einzelnen Juden in ihrem Leben gefährdet waren, bin ich nun im Einverständnis der jüdischen Kultusgemeinde schwarz nach Palästina gefahren und habe dort versucht mit den dortigen Judenorganisationen in Fühlung zu treten, um eine Möglichkeit der Ausserlandschaffung der deutschen Juden zu schaffen. Mit Hilfe der jüdischen Organisation in Palästina gründete ich die Gesellschaft ,Kollektiv-wirtschaftliche Siedlung RASKO'. Vertraglich war festgelegt, daß Palästina unbeschränkt Juden aufnehmen wird. Da von der amerikanischen Gesandtschaft keine Einreise mehr bewilligt wurde, hat nun die jüdische Kultusgemeinde auf Grund meines Vertrages in Palästina bei der Deutschen Reichsregierung um Ausreise nach Palästina angesucht. Dies wurde auch bewilligt und den einzelnen Juden die

Mitnahme von 1000,- Pfund Sterling gewährt. Da diese Ausreise durch die einzelnen Amtsstellen verzögert wurde, verschiedene Juden durch die Staatspolizei verhaftet und in die Kz. gesteckt wurden, traten die Juden an mich heran, sie schwarz außer Land zu bringen. Ich war damit einverstanden und habe dann im Laufe der Zeit ca. 500 Juden schwarz bei Minichhof-Liebau nach Jugoslawien gebracht.

Zur damaligen Zeit erhielt ich pro Person 150,- RM. Ich wurde auch mehrmals diesbezüglich inhaftiert. Als der Vertrag bezüglich der Einwanderung der Juden nach Palästina infolge Einschreitens der Zollfahndungsstelle nicht zustande kam, weil diese die Mitnahme der 1000 Pfund Sterling in letzter Minute verweigerte und ihnen nur alte Maschinen mitgeben wollte, habe ich dann in weiterer Folge die Juden weiterhin schwarz über die Grenze gebracht. In weiterer Folge fuhr ich nach Schanghai, schloss mit der chinesischen Regierung einen Vertrag bezügl. Der Einwanderung von 20.000 Juden ab. Von Seite der jüdischen Kultusgemeinde wurde diese Auswanderung offiziell aufgezogen. Insgesamt dürfte ich 120.000 Juden ausser Land gebracht haben. Pro Person erhielt ich einen pauschalierten Betrag von 150,- bis 660,- RM und musste für 10 ausser Land zu bringende Juden 3 Juden gratis mitnehmen. Ausserdem hatte ich das Risiko, dass bei Stockung des Transportes die Juden von mir oft monatelang um 670,- RM verköstigt werden mussten.

Am 12. 3. 1941 wurde vom Ortsgruppenleiter der Ortsgruppe Münzgraben Dr. Mayer eine Anzeige erstattet, dass ich Juden ausser Land bringe und Juden in meiner Behausung versteckt halte. (Die Anzeige lege ich bei). Auf Grund dieser Anzeige wurde ich von der Staatspolizei Graz festgenommen und dem Landesgericht Graz angezeigt. (Die Anklageschrift lege ich in Abschrift bei). Ich wurde dann am 25. Dezember 1941 vom Landesgericht Graz zu 10 Monaten Zuchthaus und zur Zahlung von 300.000 RM verurteilt. Bemerken möchte ich noch, dass ich vorher mich einer Unterwerfungsverhandlung unterstellen sollte, wo man mich zu 5 Jahren Zuchthaus und 2,000.000 RM Geldstrafe verurteilen wollte. Dies habe ich abgelehnt, ich kam daher vor das ordentliche Gericht wo ich die anfangs erwähnte Strafe erhielt. Ich erhob gegen dieses Urteil Einspruch und wurde dann zur Zahlung von 30.000,- RM und 10 Monate Gefängnis verurteilt. Mit meiner Entlassung am 25. 12. 1941 erhielt ich zugleich meine Einberufung zur Wehrmacht u. zw. zur Strafkompanie. Eine kurze Zeit später wurde das bereits beim Landesgericht Graz abgeschlossene Verfahren neuerlich beim Reichsgericht in Leipzig anhängig. Ich habe dies erfahren und habe mich mit meiner Familie nach Jugoslawien in Sicherheit gebracht.

Wenn behauptet wird, dass Juden auf der Fahrt mit dem Schiff im Meere versanken, so entspricht dies nicht der Wahrheit. Sollte sich so ein Versinken eines Schiffes abgespielt haben, so wäre der Vorfall bestimmt in der Öffentlichkeit breitgetreten worden. Die weitere Behauptung, dass ich den Juden Schmuck und Wertgegenstände abgenommen habe, entspricht ebenfalls nicht der Wahrheit. Das beweisen die Zeugnisse, die ich von den versch. Kultusgemeinden für meine Leistungen bekommen habe.

Richtig ist, dass ich bei den Transporten Geld verdient habe, Großteils dieses Geldes ist aber versch. Amtsstellen zugeflossen, denen ich über Auftrag der Juden dieses Geld zukommen lassen mußte, um die Transporte überhaupt zu ermöglichen. Ich bin mir keiner strafbaren Handlung bewußt und habe nur aus rein menschlichem Empfinden heraus ca. 120.000 Juden das Leben gerettet. Insgesamt war ich wegen dieser Transporte 13 mal in Haft. Auch war ich wiederholt im Ausland wegen dieser Transporte inhaftiert.

Meine Angaben entsprechen der vollen Wahrheit.' "

Im Laufe des Prozesses wurden viele Zeugen einvernommen:

Margarethe Weiss, Hausfrau:
„Nachdem mein Mann, der Vorzeuge, am 6. 12. 1938 durch den Besch. über die Grenze gebracht worden war, fügte es der Zufall, dass auch ich Schleich anvertraute. Ich wollte durchaus legal nach Palästina ausreisen. Wie ich nun in Wien bei der Schiffahrtsgesellschaft mir eine Schiffskarte holen wollte, wurde mir erklärt, dass keine mehr ausgegeben würden. Dies war am 28. 8. 1939. Damals wurde bereits mobilisiert. Ich ging dann zum Palästinaamt und traf dort zufällig Schleich, wobei ich erfuhr, dass dieser einen Transport von 15 Männern beisammen hatte, der in einer halben Stunde abgehen sollte. Ich bat ihn mich mitzunehmen und nahm er mich tatsächlich mit, obwohl die Männer dagegen Stellung nahmen weil sie fürchten, durch eine Frauensperson Schwierigkeiten kommen zu können. Ich hatte nur

noch RM 100,-, während damals RM 400,- pro Kopf gezahlt wurden. Der Besch. erklärte aber, das mache gar nichts. Wir sind dann über Feldbach über die ungarische Grenze gebracht worden. In Graz wurden wir von der Gestapo erwischt, die uns bis an die Grenze brachte. Auf der Anderen Seite wurden wir aber von den Serben erwischt. Schleich aber hat alle Schwierigkeiten beseitigt und hat mir auch in Agram, da ich ja mittellos war, 100 Dinar geschenkt. Ich gab ihm, da ich nur 100 RM bezahlt hatte eine schriftliche Anweisung auf weitere 300 RM, doch hat der Besch. bis zum heutigen Tage, das Geld nicht abgeholt. Ich muss auch erwähnen, dass ich, als meine Mann im Dezember 1938 über die Grenze ging, den Besch. einen Solitär, der sehr kostbar war und eine Krawattennadel mitgegeben habe und hat der Besch. diese Präziosen meinem Mann nach Grenzübertritt auch tatsächlich ausgefolgt. Als mein Mann schon fort war, habe ich dem Besch. wiederholt auch Koffer wertvollen Inhaltes mit der Bitte übergeben, diese wenn möglich meinem Mann zukommen zu lassen. Mein Mann hat diese Koffer auch alle bekommen. Auch der Bruder meines Mannes und sonstige Verwandte haben sich dem Besch. anvertraut und weiss ich, dass er auch in diesen Fällen, sich in jeder Hinsicht nicht nur anständig, sondern auch aufopfernd benommen hat, so dass ich überzeugt bin, dass dem Besch. sehr sehr viele Menschen die grösste Dankbarkeit schulden."

Josef Gödl, Taxiunternehmer:

„Ich kenne den Besch. seit 1939, er nahm mich anfangs 1940 als Autounternehmer in Diensten, um Judentransporte an die Grenze zu ermöglichen. Er erzählte mir vorher genau, um was es sich handle und sagte, das sind arme Teufeln, denen man helfen muss. So bin ich für ihn ungefähr 30 mal gefahren, habe bei jeder diesen Fahrten bis 7 Personen mitgenommen, die dann in Leutschach, Sobott, Oberhaag oder in Tauchar und am Radlpass ihr Ende hatte. In der Regel wurde zur Zollstation gefahren und eine ordnungsgemässe Zollrevision vorgenommen, daraufhin die Leute in das nächstliegende Gasthaus gebracht, wohin dann von der anderen Seite die Ueberführer kamen, wenn sie nicht schon da waren. Die Leute wurden von Schleich in den Gasthäusern so gut man nur konnte, verpflegt und wurde Schleich durchaus als Retter gelobt und gepriesen. Es ist ihm damals alles mögliche versprochen worden, ich habe mir gedacht, die Leute werden dem Schleich Paläste bauen, wenn sie wieder zurückkommen. Ich wurde nach der Taxe der Zeit nach bezahlt, was Schleich bekommen hat, weiss ich nicht. Mehr als 10 RM durften die Leute nicht mitnehmen, Gepäck in bescheidenem Umfange war erlaubt, dies war aber schon dadurch begrenzt, dass es ja zu Fuss oft mehrere Stunden geschleppt werden musste, was eben je nach der körperlichen Verfassung des Eigentümers seine Schwierigkeiten gehabt hat.

Es ist auch vorgekommen, dass Schleich die Leute erst 8 oder 14 Tage gefüttert hat, weil sie körperlich vollständig heruntergekommen waren, um sie fähig zu machen, den Weg über die Grenze zurücklegen zu können. Es hat auch an der Grenze oft nicht alles gestimmt, sodass ich mit manchen Personen drei-viermal zur Grenze gefahren bin, ehe es geglückt ist, die

Leute hinüberzubringen. Schleich war bei diesen Transporten meist selber dabei. Ich weiss auch, dass er ständig Lebensmittel eingekauft hat, wobei er sagte, dass er dies wegen der Verpflegung der Leute mache. Meine Transporte sind gegangen bis in das Frühjahr 1941 und haben dann aufgehört, es war dann die Spannung mit Jugoslavien. Ob Schleich noch etwas unternommen hat, weiss ich nicht."

Ludwig Zwickler, Kriminalbeamter a. D.:
„Ich war 1938 und die folgenden Jahre bei der Gestapo der Abteilung Kultus zugeteilt, welcher auch die Juden unterstanden. ....wurde Schleich angezeigt, daß er ohne behördliche Befugnis Juden nach Jugoslavien bringe. Da formell hiefür in Wien eine Zentralstelle für jüdische Auswanderer bestand, wurde die Sache dem Reichssicherheitshauptamte in Berlin gemeldet, welches jedoch nicht einschritt, sodaß von Seiten der Gestapo Schleich toleriert wurde. Die Zollverhandlungsstelle hatte es auf ihn allerdings scharf, sodaß von Zeit zu Zeit dem Besch. die Fortsetzung seiner Tätigkeit ausdrücklich von der Gestapo verboten wurde, er kam auch zeitweise in Haft. Die Kultusgemeinde wandte sich durch Grünschlag und andere Funktionäre an uns mit der Bitte, Schleich keine Schwierigkeiten zu machen, da er bisher die Sache anständig durchgeführt hätte, sodaß man wieder stillschweigend Schleich weitermachen liess. Irgendwelche Klagen oder Beschwerde von Seiten der Juden sind mir nie zu Ohren gekommen, wir nahmen im Gegenteil an, daß Schleich in keiner Weise etwas nachzusagen sei, da die Zahl der von ihm über die Grenze gebrachten sehr gross war und uns

bekannt gewesen ist, daß auch Kultusgemeinden aus Deutschland mit ihm in Verbindung standen, deren Angehörige über die Grenze zu bringen, was bestimmt nicht der Fall gewesen wäre, wenn seitens der Juden ernstlicher Grund zur Beschwerde gegen den Besch. geltend gemacht worden wäre. Ausser Schleich gab es noch andere Judenschlepper, die aber eine weitaus geringfügige Rolle gespielt haben und sich zum grossten Teil als Betrüger herausstellten. ..."

Dr. Bruno Prietsch (im Protokoll handschriftlich auf Priebsch korrigiert), Rechtsanwalt:

„... Er klagte mir auch oft über die Schwierigkeiten die unerwartend auftauchten, daß Flüchtlinge bei solchen nächtlichen Wanderungen stürzten und sich verletzten, daß Flüchtlinge trotzdem der Fluchtweg durch seine Maßnahmen gesichert schien, drüben mißhandelt und vereinzelt wieder per Bahn über Spielfeld zurück transportiert wurden ... Soweit mir aus seinen Mitteilungen erinnerlich ist, erfolgte seine Entlohnung derart daß pro Flüchtling ein bestimmtes Bauschale mit der inländischen Judenorganisation für die Transport und Verpflegungskosten die er aufzuwenden hatte und seine persönliche Bemühung vereinbart war. Ferner daß er diese Bauschalbeträge erst dann von der Wiener oder auch Berliner Zentralstelle ausbezahlt erhielt, wenn aus Agram die Nachricht kam daß die Flüchtlinge dort angelangt sind. ... Abgesehen davon, daß ich den Besch. soweit ich ihn persönlich aus meiner rechtsfreundlichen Vertretung kennengelernt habe, eine schlechte Behandlung der von ihm übernommenen Flüchtlinge nach seinem Charakter nicht zumute, lage es ja auch praktisch gesehen in seinem Interesse dafür Sorge zu tragen, daß alle Flüchtlinge die er übernommen hatte, heil nach Agram kämen, da er sonst finanzielle Verluste erlitten hätte. ... Schleich war durch seine ausländischen Beziehungen sehr gut über die pol. Lage orientiert und hörte auch, wie er mir erzählte ständig Auslandsender. Schon zur Zeit der Judentransporte sagte er mir oft, daß er an einen Sieg Deutschland nicht glaube, daß unbedingt mit einem Eingreifen Amerikas zu rechnen sei, Deutschland und damit auch wir sicher besiegt würden. Schleich rechnete daher meiner Meinung nach sicher damit, daß die Juden denen er zur Flucht ins Ausland verhalf, wieder zurückkommen würden. Erwähnenswert ist vielleicht in diesem Zusammenhang auch, daß Schleich mir einmal nach seiner Rückkehr aus Agram erzählte, er habe dort bei der ausländischen Hilfsstelle für Judenflüchtlinge, ich glaube sie hiess ‚Hitzem‘ den bekannten amerikanischen Journalisten Knickerbocher getroffen, der ihm den Vorschlag machte mit nach Amerika zu kommen und mit ihm zusammen ein Buch über diese Flüchtlingstransporte (Judenschmuggel über die Grenze) herauszugeben. Knickerbocker habe gesagt, daß würde ihm vielleicht einige 100.000 Dollar eintragen. Schleich lehnte diesen Vorschlag wie er mir erzählte ab mit der Begründung, daß er noch weitere Transporte durchführen und noch möglichst viele Juden auf diese Weise forthelfen wolle. Ich bin auch persönlich überzeugt davon, daß er bei dieser Tätigkeit nicht nur seinen finanziellen Verdienst suchte sondern auch von ideellen Beweggründen geleitet war. ...“

Dr. Ludwig Biro, Rechtsanwalt:

„... Es ist mir bekannt, dass Schleich von den Flüchtlingen auch Schmuck und Wertsachen zur Transferierung bekam. Er selbst zeigte mir einmal in Jugoslawien ganze Taschen voll Schmuck und Devisen. Ohne mich an bestimmte Namen erinnern zu können, weiss ich, dass Schleich seinen diesbezüglichen Aufträgen tatsächlich nachgekommen ist. Ob in jedem einzelnen Falle alles geliefert wurde, kann ich natürlich nicht sagen; mir persönlich sind in der Emigrationszeit eigentlich keine solchen Beschwerden bekannt geworden zum Unterschied von anderen Transferenten, wo solche Klagen sehr häufig erhoben wurden. Man darf in diesem Zusammenhang nicht übersehen, dass die Juden damals mit der Rettung ihres nackten Lebens befaßt waren und es mit der Abrechnung ihrer ‚irdischen Güter' in der Regel nicht sehr genau nahmen und nicht genau nehmen konnten. Sie waren froh über jedes Stück, das sie retten konnten. Mit Rücksicht darauf, dass Schleich sicher auch Bestechungsgelder zahlen mußte und im übrigen auf recht großem Fuße lebte, ist wohl anzunehmen, daß er sich seine Tätigkeit entsprechend zahlen ließ oder selbst bezahlte. Dies spielte aber zumindest damals keine Rolle. Konkrete Beschwerden sind mir jedenfalls nicht bekannt geworden. Schleich nahm für die Transferierung von Menschen und Wertsachen bestimmte Sätze, die meines Erinnerns nach nicht übertrieben hoch waren. Ich weiß auch, daß er mit sich handeln ließ und vor allem arme Juden auch ohne Entgelt über die Grenze brachte. ..."

Um einen Überblick über die Ereignisse zu bekommen, habe ich Hans einige der Dokumente in Kopie, wie das handschriftliche Protokoll, Niederschriften der Kriminalpolizei, einige Schreiben der Kultusgemeinden, einige Prozeßunterlagen von 1941, und 1946–1948, Bittbriefe und Dankschreiben von den jüdischen Kultusgemeinden und von jüdischen Menschen mitgebracht.

„Die israelitische Kultusgemeinde, Graz, dankt im Namen aller Kursteilnehmer, Herrn Josef Schleich Graz, Glockenspielplatz 7 für seine unermüdliche Tätigkeit in der Umschulung von rassisch verfolgten Glaubensgenossen, in der Zeit vom 1. August 1938 bis Ende März 1939 in Landwirtschaft und Geflügelzucht. Er hat für unsere Glaubensgenossen als Lehrer und Mensch sein möglichstes geleistet. Unter anderem vielen unserer Glaubensgenossen unentgeltliche Hilfe und materielle Unterstützung angedeihen lassen.

Er wurde von Seiten der NSDAP auf das schwerste angefeindet und hatte viele Widerwärtigkeiten zu ertragen.

Wir danken ihn nochmals und werden ihn stets ein freundliches Andenken bewahren." (Israelitische Kultusgemeinde Graz, 4. 4. 1939)

„Seitens des Verbandes der jüdischen Kriegsopfer, Invaliden, Witwen und Waisen in Wien 8., Donaugasse 1a wird bestätigt, daß Herr Josef Schleich in Graz Glockenspielplatz 7, durch längere Zeit (mehr als ein Jahr) die von den Nazis verfolgten jüdischen Kriegsbeschädigten, Frontkämpfer, Witwen und

Kinder, welche nach Intervention des Verbandes aus den Konzentrationslagern Dachau und Buchenwald herauskamen und binnen kurzer Zeit deutsches Gebiet verlassen mußten, auf illegalem Wege in das Ausland (Italien und Jugoslawien) in Sicherheit brachte.

Es wird ferner bestätigt, daß Herr Schleich zur vollsten Zufriedenheit des Verbandes arbeitete, daß er wiederholt solche Naziopfer schützte und sich ihrer vollkommen unentgeltlich annahm, ja daß er oft unter Hintansetzung seiner eigenen Sicherheit und Gewährung von Unterstützungen aus seiner Tasche diesen Opfer Hilfe brachte.

Es ist dem Verbande auch bekannt, daß er wegen dieser Tätigkeit wiederholt von der Gestapo in Wien und Graz verfolgt und eingekerkert wurde.

Ebenso ist es dem Verbande auch bekannt, daß Herr Schleich auch mit der Kultusgemeinde Graz bei der Überstellung verfolgter Juden in das sichere Ausland (mehrere große Schiffstransporte nach palästina) zur vollsten Zufriedenheit der Kultusgemeinde mit dieser zusammenarbeitete.

Die dem Verbande vorgelegten Zeugnisse der Kultusgemeinde Graz bestätigen diese Angaben.

Unserer Meinung nach verdient Herr Josef Schleich die vollste Anerkennung aller Juden und rechtlich denkenden Menschen der Welt. Er hat vielen Juden das Leben gerettet, wofür wir Ihm zu großem Dank verpflichtet sind. Der Präsident und Leiter Herzog (Wien, 24. 2. 1941)

„Es ist uns ein Vergnügen Herrn Josef Schleich, Graz, Glockenspielplatz zu bescheinigen, dass er in der Zeit der ärgsten Judenverfolgungen durch Hitler den bedrängten Menschen unter vollem Einsatz seiner Person, hilfreich zu Seite gestanden ist. Er half den Verfolgten die grüne Grenze zu überschreiten und rettete hiedurch tausenden Menschen das Leben. Allerdings verlangte er von den Begüterten die Bezahlung der Spesen von RM 150,- bis RM 500,- pro Person wodurch er es ermöglichte auch die Mittellosen zu retten.

Wie uns bekannt ist wurde Herr Schleich auch von der Gestapo wegen Judenschmuggel verhaftet und musste eine längere Freiheitsstrafe in Kauf nehmen." (Israelitische Kultusgemeinde Wien, 8. Juli 1945)

„Ihre Adresse habe ich von Verwandten erhalten, die Anfang vorigen Monats durch Sie nach Jugoslawien gekommen sind. Da wir nun ev. auch die Absicht haben nach dort auszuwandern, so wollte ich Sie hiermit anfragen, ob eine weniger strapaziöse Gelegenheit zum Grenzübertritt nach Jugoslawien vorhanden ist, wobei ich bemerken möchte, dass die finanzielle Seite nicht das Entscheidende ist, d. h. das eventuelle Mehrkosten kein Hindernisgrund sein würden. ..." (H. Scharlinsky, Berlin, 24. 12. 40)

„Durch meinen Schwiegersohn in Jugoslawien erhielt ich Ihre w. Adresse. Dessen Bruder befindet sich in Mauthausen, Oberdonau, und wartet mit Sehnsucht und Qual auf seine Entlassung. Deshalb bitte ich Sie ebenso herzlich wie dringend, das Möglichste zu tun, um dem armen jungen Mann zur schnellsten Freiheit zu verhelfen. Seine arme bedauernswerte Mutter, Witwe, ist der Verzweiflung nahe, da sie auch überdies schon über 6 Wochen ohne jede Nachricht von ihrem Sohn ist. Bitte teilen Sie mir umgehend Ihre Bedingungen mit, es muß geholfen werden! Im voraus danke ich Ihnen schon für Ihre ... recht herzlich, mit freundl. Gruss, ergebenst Hugo Lienthal, Witten-Ruhr" (28. Nov. 1940)

„... Susi hat mir viel erzählt u. schwärmt immer von Tante Steffi. Ich danke Ihnen, dass Sie mein Kind gepflegt haben u. so lieb bei sich aufgenommen haben u. für alles Gute, was Sie uns getan haben. Susi grüsst herzlichst anbei Schleich u. Tante Steffi. Vilma Knoll (Kraljevina, 28. 1. 40)

Das Bild Papas war für uns ein negativ gefestigtes gewesen, es war das Bild eines durch seine schwere Krankheit schon angeschlagenen Vaters. Hans, dem Sohn, erging es so, wie es mir, der Tochter, ergangen war – ein neues Vaterbild entstand. Das gibt einen innerlichen Prozeß, auch wenn es neue, positive Bilder sind. Ich spürte bei Hans ein inneres Aufgewühltsein, das waren noch alte Erinnerungen und Blockaden, die verdrängt wurden, und doch noch keine Bereitschaft, darüber zu sprechen. Ich konnte gut verstehen, wie es ihm ging, denn auch ich habe dafür einige Zeit, eigentlich Jahre gebraucht.

Ich versuchte, Hans entgegenzukommen: „Wir können heute Papa, da er nicht mehr anwesend sein kann, nicht zerpflücken, be- oder verurteilen, er war unser Vater mit all den Eigenschaften, die ein Mensch in sich trägt." „Ja ich denke auch", meinte Hans, „aber noch gärt und brodelt es in mir".

Wir ließen uns einige Tage Zeit. Gemeinsam lasen wir die Anklageschrift, die Dankschreiben, die Zeugnisse, die Anschuldigungen. In der Zeit, in der die Alliierten Österreich besetzt hatten, wurde alles aufgegriffen, was im Krieg vorgefallen und eine Untersuchung wert war, um Recht und Ordnung zu schaffen. Man nannte diese Untersuchungen Entnazifizierungsverfahren. Das war auch in Ordnung, mußte so sein. Papa war angezeigt worden. Mittels Zeitungsannonce wurden Zeugen gesucht, die sich durch ihn geschädigt fühlten. Papa konnte nachweisen, nie einer Partei angehört zu haben. 1948 war er immer wieder kurz in Haft und wurde verhört. Meine Firmpatin hatte erzählt, daß die Gespräche in den Verhören „gute Gespräche" gewesen waren, Gespräche von Mensch zu Mensch. Die Richter waren korrekt, sie machten ihre Arbeit. Die Zeit der Judenverfolgung war Gott sei Dank vorbei. Nun mußte jede Anzeige verfolgt, jeder Hinweis überprüft werden. Bei Hausdurchsuchungen in Liebenau suchte man Papas vermeintliches Vermögen. Es war aber nichts davon vorhanden, nichts zu finden.

Einen Brief habe ich Hans noch gegeben, er war von seiner Mutter an den Oberlandesgerichtspräsidenten gerichtet, datiert mit 12. April 1948. Papa war schon krank und immer wieder in Haft. Seine Frau machte sich begreiflicherweise Sorgen.

„Hochgeehrter Herr Oberlandesgerichts-Präsident!

Mein Mann wurde am 6. März 1948 in Haft gesetzt; er war weder Mitglied der NSDAP noch einer ihrer Formationen oder Verbände. Das gegen ihn laufende Verfahren aus dem Jahre 1947 hat seine Ursache auf Grund von Anzeigen verschiedener bei den Transporten beteiligter Juden, wovon der eine über mangelhafte Verpflegung klagt, der andere über angeblich schlechte Führung, dem Dritten soll sein Regenschirm abhanden gekommen sein, der Vierte habe sein Handgepäck eingebüßt, der Fünfte wieder behauptet: Schleich habe bei den Judentransporten riesige Gewinne erzielt und rechnet sich gleich aus und vor, daß mein Mann 20.000 Juden um soundsoviel Geld außer Land geschafft und dabei soundsoviel Geld verdient hat, wobei dieser Anzeiger nicht einmal gewusst hat, dass mein Mann 120.000 Juden in Sicherheit gebracht hat. Der grösste Teil des Geldes ist für Spesen und zwar für Führer- Transportspesen bis Graz und Agram und Verpflegung aufgegangen. Ausserdem hat mein Mann bei jeder grösseren Partie zehn Mann gratis mitgenommen, ebenso auch Kinder.

Das liegt gegen Schleich vor und er wurde angezeigt von Menschen, die damals in ihrer Situation in meinem Mann den Menschen sahen, der ihnen half, das kostbarste Gut des Menschen zu retten- ihr eigenes Leben.

Hundertzwanzigtausend Menschen der Verfolgung preisgegeben, hinter denen nichts anderes stand, als die Vernichtung, der Tod, die Vergasung oder bestenfalls ein langsames Verhungern rettete mein Mann vor der Katastrophe und brachte sie ins Ausland. Menschen aus den Konzentrationslagern, Menschen auf der Flucht, Menschen im tiefsten Elend und in der Verzweiflung suchten bei ihm Hilfe. Ich frage, wo sind die Menschen, die damals den Juden halfen? Wo sind die Männer, die damals unter

Einsatz ihres eigenen Lebens wagten, den Juden bei-
zustehen? Wo sind sie? Nicht nur ein Vermögen für
nur einen Juden zu retten fand sich jemand. Ja, man
wagte kaum nur mit einem Juden auf der Strasse zu
sprechen. Heute will man über meinen Mann Klage
führen, aber damals waren die Menschen zu feige einem Juden auch nur ein Stück Brot zu reichen; frei-
lich im Jahre 1948 lässt sich etwas leichter reden und
eine einseitige Stellung beziehen.

Im NS-Staate wurde mein Mann unzählige Male
denunziert. Allein dreizehnmal von der Gestapo verhaftet und eingesperrt, es wurde ihm der Prozess gemacht und er wurde verurteilt. Der Grossteil meines
Vermögens wurde beschlagnahmt, was aktenmässig
aufliegt; wie oft mußte er Misshandlungen erdulden
und stand in Lebensgefahr, von den Strapazen gar
nicht zu reden. Niemand war geneigt, ihm dieses ge-
winnbringende Geschäft abzunehmen, kein Neider
fand sich, wohl aber genug Denunzianten. Diese Denunzianten sind allerdings geblieben und scheinen
sich nur vermehrt zu haben.

Tausende Schreiben befinden sich in seinem Besitze und danken ihm für die Errettung von Menschen
aus Not und Verzweiflung und vom sicheren Tode;
aus diesen Briefen spricht Verehrung und ewige
Dankbarkeit begleitet von Segenswünschen und der
Versicherung eines Nievergessenseins. Nicht allein
die Schreiben liegen hier, sondern lebende Zeugen
aus aller Herrenländer stehen ihm zur Verfügung und
zeugen für seine Anständigkeit. – Aus dem Akten-
material ist ersichtlich, dass die Juden zu ihm kamen,
ihn drängten und baten, ihnen zu helfen, was er auch
getan hat.

Mein Mann hat sich nie um Politik gekümmert und ist den Weg der Anständigkeit sowie Hilfsbereitschaft gegangen.

Ich bin allein mit fünf kleinen Kindern, wovon das älteste 8 Jahre zählt und erlaube mir daher an Hochgeehrten Herrn Oberlandesgerichts-Präsidenten die untertänigste und innigste Bitte um Enthaftung meines Mannes zu richten."

Papa hat nach dem Krieg wieder versucht, ein Geschäft aufzubauen, eine Autoreparaturwerkstätte. 1946 verkaufte er ein großes Grundstück, um all seinen Verpflichtungen nachzukommen. Von seinem angeblichen Reichtum war kein Schilling vorhanden.

Am 6. 3. 1948 wurde Papa verhaftet und in das landesgerichtliche Gefangenenhaus eingeliefert, am 12. 5. 1948 aus der Haft entlassen. Am 15. 12. 1948 ist er in Ansehung der strafbaren Handlung außer Verfolgung gesetzt worden. Er konnte zu diesem Zeitpunkt wegen seiner schweren Erkrankung nicht mehr weiter verhört werden. Im Februar 1949 haben wir ihn begraben.

Ich übergab Hans alle Schriftstücke. Er meinte, daß er jetzt einiges zu tun habe, aber es war keine Ablehnung mehr da. Das neue Bild, das Verständnis für Papa war wie eine zarte kleine Pflanze, die jetzt wachsen konnte. Wenn wir in unserem Inneren Negatives loslassen, verabschieden können, kann sich die Liebe nach allen Seiten besser ausbreiten, ist mehr Platz. Ich versprach, ihm auch einige Bücher zu senden, die ich gelesen hatte. Hans mußte am Abend wieder nach Queenstown fahren, weil ein neuer Arbeitsturnus bevorstand. Vor seiner Abfahrt sagte er, daß er jetzt acht Tage Zeit habe, um all das Gehörte, Gelesene zu verdauen. Auch mir tat diese Pause gut. Ich konnte mit Inge und den Kindern trödeln, ein wenig malen, Ausflüge machen und Freunde der beiden besuchen.

Die achttägige Pause hatte uns allen gut getan. Alles hat ein wenig Klarheit bekommen. Wie in einem aufgewühlten See, wenn abends die Besucher den Strand verlassen, klärt sich langsam das Wasser und am Morgen zeigt sich der See wieder in seiner ungetrübten Klarheit. Wir nahmen unsere Strandwanderungen wieder auf. Es gab nun kein behutsames Vortasten mehr, wir konnten frei mit dem Thema umgehen. „Hat meine Mutter eigentlich mitgewirkt?" fragte Hans. „Meiner Meinung ja, aber mehr im Hintergrund. Sie war noch sehr jung und eine schöne Frau, aber das weißt du ja selbst. Durch ihre Herkunft, sie stammte aus Jugoslawien, durch ihre Sprach- und Ortskenntnise hat sie viele Verbindungen geschaffen, die sehr wertvoll waren. Als sie dann schwanger war, hat sie sich wohl begreiflicherweise zurückgezogen. Seit ich selbst Kinder habe, ist meine Achtung vor Stefica sehr gewachsen. Ich bewundere sie dafür, wie sie das Leben mit euch und nach Papas Tod gemeistert hat. Außerdem war ich als Person für deine Mutter nicht gerade ein erfreulicher Anblick".
Unsere Strandwanderung hatte einen anderen Charakter angenommen. Sind wir anfangs wie zwei Gehetzte gelaufen, so war jetzt Ruhe und auch Besinnung da. Oft bleiben wir stehen, still, jeder mit seinen Gedanken.

Hans hatte noch eine Frage: „Sag, wie war das bei dir, wie du erfahren hast, daß Papa nach dem Krieg von Juden angezeigt wurde?" Ich hatte diese Frage erwartet. „Ich habe zuerst ordentlich geschluckt, es nicht erwartet und es anfangs nicht begriffen. Es war aber keine Wut da, mehr Erstaunen. In den letzten Jahren habe ich viele Gespräche mit jüdischen Menschen geführt. Was mich dabei erschreckt hat, ist, daß noch immer so viel Haß da ist. Ich habe mir die Frage gestellt, woher er kommt. Ist die Ursache die persönliche Erfahrung oder wird er vielleicht geschürt? Weiß denn niemand, daß Haß zu den stärksten Energien gehört und immer wieder zum Aussender zurückkehrt? Jeder Mensch hat das Thema Liebe und Haß für sich selbst zu entscheiden. Das einzige, das jeder für sich bewirken kann, ist Liebe vorleben, damit sich die Schwingung der Energie der Liebe ausbreitet."

Hans blieb stehen und wandte sich zu mir. „Eigentlich haben wir das Kapitel Papa und Judenschmuggel abgeschlossen. Was nicht heißen soll, ich habe kein Interesse mehr, im Gegenteil, ich warte auf dein Buch, um die Zusammenhänge noch besser zu verstehen. Aber ich spüre, daß du mir noch nicht alles gesagt hast, daß du selbst noch ein Geheimnis hast." Ich konnte ihm in diesem Augenblick noch keine Antwort geben. So blieb seine Frage stehen, als wir wieder nach Hause fuhren, weil die Sonne bereits untergegangen war.

Freitag, Mitte September 1998

Paros, Insel des Lichtes. Heute empfinde ich es besonders stark. Ein warmes Licht hat die Insel eingehüllt. Gerade hat sich eine Wolkenbank vor die Sonne geschoben, und es fällt mir auf, daß es die erste seit meinem Kommen im Mai ist. Trotz einer fast schlaflosen Nacht führt mich meine Morgenwanderung weiter über die Bucht hinaus auf einen Hügel. Eine kleine weiße Kapelle, bescheiden und doch den Ort bestimmend, nimmt ihren Platz ein inmitten von Salbei und Oregano. Nach dem heißen Sommer ist alles trocken, nur der intensive Duft ist geblieben. Das Licht der Sonne ist heute durch die Wolken wie gefiltert. Sonnenstrahlen, wie gemalt, leuchten durch die Wolken, klar gezeichnet verbinden sie sich mit dem Blau des Meeres. Die kleine flache Insel vor mir durchbricht das Lichtband und ist doch wieder eins mit dem Meer. Wie immer ist es eine Melodie, die ich bei diesen Bildern empfinde, und einen Sommer lang habe ich diese berauschende Abfolge von Tönen in mir klingen lassen. In einigen Wochen geht es wieder zurück in den häuslichen Alltag. Lussi, so habe ich die Hündin inzwischen genannt, ist wie immer neben mir, aufmerksam beobachtet sie alles rundum.

Montag, Ende September 1998

Die letzte Nacht war voll bewegter Gedanken. Abends war ich auf der anderen Seite der Insel, um den Untergang der Sonne zu erleben. Viele Gedanken wollten angesehen werden, und ich bin wieder um vier Uhr morgens hinunter zum Strand, um das Leuchten der Sterne und des Mondes und die Morgenröte, die langsam den Himmel färbt, zu erleben. Wachsein und Schlaf, jeder Tag und jede Nacht ist neu – jeder Augenblick ist jetzt, ist Neubeginn.

Das Sandband des Strandes war durch die hereingischtende Flut ganz schmal und zwang Hans und mich langsam zu gehen. Mein Thema, mein „Geheimnis", war für mich selbst kein Geheimnis mehr. Es war für mich klar, aber wo sollte ich zu erzählen beginnen? „Dort, wo es für dich stimmt", half Hans.

Das war die Jetztzeit, doch ich erkannte, daß ich viel früher einsteigen mußte.

Begonnen hat es nach meiner letzten Scheidung, nachdem ich die Trauer und die Wut durchlebt hatte. Es wurde mir plötzlich bewußt, daß ich eine neue Chance bekommen hatte, ein neues Leben zu leben. Ich war auf der Suche nach einem neuen Weg, raus aus der Enge des Denkens, war auf der Suche nach mir selbst. Ich besuchte viele Seminare, lernte Yoga, beschäftigte mich mit Bioenergetik, Atemtechnik und vielen anderen hilfreichen Möglichkeiten, um mein Wesen zu erfahren. Meine Mutter lebte immer noch in Vorarlberg. Sie war inzwischen sehr krank geworden, und ich versuchte, ihr möglichst viel Zeit zu geben. So fuhr ich seit vielen Jahren alle drei Wochen über das Wochenende zu ihr. Als sie vor einigen Jahren starb, ordnete ich ihren Nachlaß und löste ihren Haushalt auf. Unsere Beziehung hatte leider immer noch aus höflicher Distanz bestanden. Beim Durchsehen der Fotos, Ansichtskarten und Briefe, die sie aufbewahrt hatte, erlebte ich nochmals viele

Stationen meiner Kindheit. Ich blätterte in den Erinnerungen an eine vergangene Zeit. Sie hatte auch Erinnerungsstücke an ihre Ehe, ihren Mann aufbehalten. Ihr Mann war fünf Jahre vor ihr gestorben. Nun fand ich ein Paket Briefe, schön gebündelt, die ihr Mann an sie geschrieben hatte, und langsam begann ich zu lesen. Sie hatten sich kennengelernt, als ich zwölf Jahre alt war. Ich erinnere mich, daß sie sehr verliebt waren. Sie waren noch sehr jung. Zwei Jahre später machte er sich im Bundesland Vorarlberg selbständig. Natürlich war es sein Wunsch, daß sie bald nachkommen sollte, und er machte ihr einen Heiratsantrag. Das war für mich damals nicht sehr schön, weil ich wußte, daß sie ohne mich gehen würde. Aber Oma sagte, daß es gut sei, daß Mutti endlich einen Partner habe. Also fügte ich mich. Zwischen meinem Stiefvater und mir ist nie Nähe entstanden. Als er noch in Graz war, sind die beiden oft ausgegangen. Dabei wollten sie allein und ungestört sein, sodaß ich keine Stunde mit ihnen außer Haus verbracht habe, auch wenn ich gerne mit ihnen zusammen gewesen wäre. Wie schon gewohnt, mußte ich meine Wünsche in die Ecke stellen, und ich habe mich auch noch mit einem unsichtbaren Schutzschild umgeben, um meine eigenen Bedürfnisse nicht zu sehen. Diese Gedanken kamen wieder hoch, als ich einen der Briefe meines Stiefvaters an Mutti in Händen hielt. Es war für mich sehr verwirrend, was ich da zu lesen bekam: „Komm doch endlich nach Vorarlberg, ich brauche Dich sehr. Du hast Deine Pflicht Lore gegenüber längst erfüllt, Lore dieser undankbare Fratz (das bin ich) geht Dich doch nichts an, Du hast bereits genug für sie getan". Das saß, ich konnte und wollte es nicht glauben. Ich war, als dieser Brief geschrieben wurde, noch nicht einmal 14 Jahre alt gewesen. Im ersten Moment war ich nur empört und wütend. Er war doch immerhin mein Stiefvater. Der alte Schmerz der Kindheit war wieder da, doch ich las weiter und stieß in anderen Briefen auf ähnliche Passagen. Immer wieder stand da zu lesen: „Sie geht Dich doch nichts an." In meiner Wut über meinen Stiefvater nahm ich die Briefe und warf sie spontan in den Müll. Anfangs war ich nur wütend auf ihn, doch diese Zeilen ließen mich nicht mehr los. Tage- und wochenlang mußte ich an die Worte denken und was sie wohl bedeuten mochten.

Mutti war nach dem Tod ihres Mannes alleine. Bei meinen Besuchen konnte ich sie ein bißchen näher kennenlernen und dennoch hatte sich meine Hoffnung, ihr näher zu kommen nicht erfüllt. Ich habe ihre Einsamkeit und leider auch ihre Verbitterung gesehen und gespürt. Ihr Tod machte mich nur traurig über die nicht gelebte Liebe, er riß aber keine große Wunde in mir auf. Nun mußte ich an ihre Distanz zu mir denken. Ich habe so oft erlebt, mit welcher Herzlichkeit sie ihre Nichte, die Tochter ihrer Schwester, behandelte, welche Liebe sie ihrem Hund gab. Warum war die Beziehung, das Verhältnis zu mir so ohne innere Bindung? Ich hatte doch so darum gebettelt. Und nun fand ich diese Briefe. Ich begann, in ihrem Leben zu forschen. Es gab so viele Ungereimtheiten. Auf einmal erkannte ich, daß alles, was sie mir über die Zeit meiner Geburt erzählt hatte, nicht stimmte. Aber ich konnte nicht erkennen, wozu diese Unwahrheiten gut waren. Die vielen kleinen Beweise ergaben ein neues, unvollständiges Bild.

Nach dem Tod von Mutti hatte ich auf einmal Zeit. Ich fing an, Kurse für Akupressur und alternatives Heilen zu besuchen. Die Ausbildung für Akupressur, die ich an einem Schweizer Institut machte, dauerte einige Jahre und beinhaltete auch Prozeßbegleitung. Dabei werden unbewußte, verschüttete, verdrängte Erlebnisse, die tief in die Kindheit oder noch weiter zurückreichen, ins Bewußtsein geholt und somit eine Möglichkeit geschaffen, damit umzugehen, Verhaltensmuster aufzuzeigen und aufzulösen. Die Prozeßarbeit war ein großer Wachstumsschritt auf meiner Suche nach Ganzheit. Ich erlebte mich wie eine Zwiebel, sorgfältig und liebevoll löste sich Schicht um Schicht. Ich erlebte die Tiefe meiner alten Trauer, durfte meine Verhaltensmuster ansehen, um sie liebevoll zu verabschieden. Besonders die unbewußten Erlebnisse der Kindheit erlebte ich befreiend. Es war, als hätte ich jahrelang Müll mit mir herumgeschleppt. Ich hatte sogar das Gefühl, körperlich leichter zu werden und mit der Erkenntnis des Vergebens zu schweben. Vergeben ist, Liebe fließen lassen. Je mehr ich mein Herz für das Wesentliche öffnete, geben lernte, ohne zu binden, desto leichter und froher wurde ich. In den Prozeßerlebnissen kam ich bis zu meiner Geburt. Es waren ständig Aha-Erlebnisse, durch die ich viele Situationen wiedererkannte. Diese Erlebnisse ließen mich Begebenheiten sehen und erkennen. Ich ging den Bildern, die entstanden waren, nach und forschte. Plötzlich begannen sich die losen Enden zu verknüpfen, die Puzzleteile sich zu einem Ganzen zu fügen. Die Aussagen der Dokumente aus Papas Prozessen, die gerichtlichen Unterlagen, die Zeugenaussagen aus der Zeit um 1940 und auch die Erinnerung an Streitgespräche zwischen Papa und Mutti, die Fotos, die Briefe, alles paßte zusammen. Besonders jenes Foto aus dem Jahr meiner Geburt, bekam für mich nun neue Bedeutung. Darauf waren Papa, Mutti, rank und schlank, ihre Schwester, und Papas jüdische Sekretärin zu sehen. Es war für mich kein böses Erwachen, sondern erklärte vieles. Die lange Zeit der Nachforschungen hatte mich vorbereitet: Meine Mutter war gar nicht meine leibliche Mutter. Ich war das Kind einer ausweglosen Liebe und Leidenschaft eines Ariers und einer Jüdin. Die Liebe durfte nur heimlich sein, verbotenerweise, in gestohlenen Stunden und kühlen Hotelzimmern. Diese Liebe war – für die Welt draußen – „Rassenschande", und doch war es Liebe. Bei Tag durften die beiden nur sachlich miteinander arbeiten. Die Jüdin Bertha Horiner ist Papa zweieinhalb Jahre als Vermittlerin, Organisatorin und Sekretärin zur Seite gestanden. Bertha begleitete Papa auf allen Auslandsreisen. In den Zeugenaussagen des Prozesses von 1941 war auf recht zweideutige Weise von der Vertrautheit der beiden zu lesen. Ebenso erwähnte ein Zeuge die Schwangerschaft der Jüdin Bertha. Doch scheint niemand diesen Hinweisen nachgegangen zu sein, auch die Gestapo schien sie nicht ernst genommen zu haben. Bei Muttis Unterlagen hatte ich jenes Foto von Bertha und Papa gefunden, doch konnte ich anfangs nichts damit anfangen, habe es aber aufgehoben. Es ist klar, daß Papa alles unternommen hatte, daß ich Österreicherin wurde, zu sehr hatte er Einblick in die Geschehnisse der Zeit und sicher auch Angst. Denn als Jüdin geboren zu werden, hätte mir unweigerlich den Stempel des Schicksals aufgedrückt, hätte den sicheren Tod bedeutet. Mutti war damals bei Papa Sekretärin, Pflichtmädel des BDM, und für einige Monate in Wien. Sie hatte mir oft von Wien und den Schönheiten dieser Stadt erzählt. Damals trat sie an die Stelle meiner Mutter, denn alle offiziellen Papiere wiesen Mutti als meine leibliche Mutter aus, obwohl sie doch nur meine „Zieh-Mutter" war. Durch seine Beziehungen war es Papa offensichtlich möglich gewesen, diese „Fälschungen" ordentlich durchzuführen. Nachdem ich dies alles erfahren hatte, konnte ich begreifen, was für ein großartiger Mensch Mutti gewesen war. Sehr oft habe ich seither innerlich um Vergebung gebeten, für die oft nicht sehr liebevollen Gedanken und die Unzufriedenheit in meiner Kindheit. Sie hatte mir Sicherheit zum Überleben gegeben, und, so gut es für sie möglich war, einen warmen Platz. Vielleicht war das der Grund ihrer Strenge und ihrer Prinzipien, erstens absolute Disziplin und zweitens Disziplin.

Letztendlich sind wir als Erwachsene selbst verantwortlich für unser Verhalten und unseren Werdegang. Meine Sucht und Suche nach Liebe ist über Krankheiten gegangen, über Funktionieren, Manipulieren und über das Helfersyndrom. Nun wußte ich, woher sie kam.

Ich hatte zu Ende gesprochen und sah Hans an. „Ja, das ist das Geheimnis. Ich habe mich dadurch nicht verändert, bin immer noch Hannelore." Hans schwieg eine Weile, dann nickte er. „Für mich bist du es auch". Eine Zeitlang herrschte Stille und auch ein wenig Betroffenheit. Hans lachte, irgendwie verlegen. „Hätte ich dem Alten gar nicht zugetraut soviel Courage, wie er das alles hingekriegt hat, er war doch ein Abenteurer". Nach einer Weile frage er: „Was wirst du jetzt tun? Ich meine, wirst du etwas unternehmen?" Als ich ihm erklärte, daß ich, sobald ich zu Hause wäre, meine Wurzeln suchen würde, mußte ich ihm fest versprechen, immer alle Neuigkeiten zu berichten.

Nach diesem Gespräch verbleiben mir noch einige Tage in Tasmanien, dann setze ich für weitere zwei Monate meine Reise, beginnend in Melbourne, fort, um neue Erfahrungen mit mir selbst und dem mir unbekannten Land Australien zu machen.

Sonntag, Ende September 1998

Ich bin dabei, meinen Abschied vom Sommer zu nehmen, von einem kreativen Inselsommer. Den Platz auf der Fähre habe ich schon reserviert. Ich freue mich auf mein gemütliches Zuhause in Salzburg. Nun genieße ich meine letzte Wanderung. Von allen meinen Freunden habe ich mich schon verabschiedet, von meinen Nachbarn, den rund zwanzig Schafen am Nachbargrundstück. Sie werden mir abgehen, ihr Blöken ist ein vertrauter Gruß geworden. Da die Wiesen längst schon dürr geworden sind, bekommen sie einmal am Tag Heu. Bei Tag liegen sie eng aneinander gedrängt im kargen Schatten eines alten Olivenbaums. Der Abschied von der Hündin Lussi ist schwer, immer wieder sage ich ihr Danke für die schöne Zeit. Ich habe viel von ihr gelernt. Sie lebt ihre Freiheit, sucht sich ihre Gefährten und bringt einfach Freude. Inzwischen habe ich herausgefunden, daß sie auch ein Zuhause hat, einen Platz, wo sie im Winter versorgt wird, das macht den Abschied leichter. Ihre Besitzerin erzählte mir, daß sie, kaum daß es Mai ist und die ersten Gäste auf der Insel sind, das Haus verlasse und herumstreune. Manchmal komme sie vorbei, um zu zeigen, daß es sie noch gibt, daß alles in Ordnung ist, und plötzlich sei sie dann wieder verschwunden. Die Vorstellung ist für uns ungewöhnlich, eine Hündin mit so vielen Freunden, doch den ganzen Sommer gibt sie dem Urlauber das Gefühl, daß er allein für sie verantwortlich ist, und sie wird verwöhnt.

Als ich von Australien zurückkehrte, ging mein Alltag nach außen hin weiter, als wäre nichts geschehen. Meine innere Gespaltenheit jedoch machte mir mehr zu schaffen, als ich anfangs dachte. Immer wieder stellte ich mir die Frage, ob ich mich als Jüdin fühlte. Ich konnte es nicht beantworten und fing an, Bücher zu lesen, die das jüdische Volk, die Menschen, ihr Brauchtum, ihre Religion, ihren Alltag beschreiben. Ich horchte in mich hinein, und eine Traurigkeit, eine Zerrissenheit tat sich anfangs in mir auf. Ich versuchte, mir meine Kindheit in Geborgenheit und Zärtlichkeit vorzustellen, mir ein Familienleben mit Papa und Bertha auszumalen, doch mein Kopf funkte dazwischen: „Hör auf zu träumen, bleibe in der Realität! Sei dankbar. Was du dir vorstellst, hätte in jener Zeit niemals funktioniert. Außerdem gab es ja schließlich noch Stefica mit den Kindern." Das Rad der Geschichte läßt sich niemals zurückdrehen. Das Rad bewegt sich weiter. Es gab und gibt immer Beteiligte und Unbeteiligte, also Täter und Opfer zugleich. Sie segnen und lieben lautet die Aufforderung:

Ehrlich hinsehen und nicht verurteilen, den nächsten Schritt tun und vergeben.

Mit dem Gefühl, endlich meine Mutter zu finden, fuhr ich nach Wien, um sie zu suchen. Ich hatte ihren Namen, insgeheim nannte ich sie mit ihrem Vornamen Bertha, und ich wußte, daß sie 83 Jahre alt sein mußte. Ich schob jeden Gedanken, daß sie nicht mehr am Leben sein könnte, weit weg.

Mein erster Weg führte zum Dokumentationszentrum Wien, Wipplingerstraße 8, wo mir ermöglicht wurde, die Namenskartei durchzusehen. Leider blieb die Suche ohne Ergebnis. Anschließend ging ich zum Justizpalast in das Archiv des Landesgerichtes für Zivilsachen. In der Deportationskartei der Österreicher in Theresienstadt fand ich ihren Namen und den Vermerk, daß sie am 9. 10. 1942 mit dem Transport IV/13 (zusammen mit ihrer Schwester) von Theresienstadt nach Auschwitz überstellt worden war. Ich wollte mehr erfahren und wurde an das Wiener Stadt- und Landesarchiv, Magistratsabteilung 8, im Rathaus verwiesen. Man bestätigte mir, daß es einen Akt gab, den ich anforderte und am nächsten Tag ausgefolgt bekam.

Als ich ihn in Händen hielt, schob ich alle Gedanken weg. Ich weiß nicht, worauf ich noch hoffte.

Nun konnte ich in ihrer Todeserklärung schwarz auf weiß lesen: „Hiedurch ist festgestellt worden, dass Berta Horiner im Jahre 1942 nach Theresienstadt und von dort nach Auschwitz gebracht wurde. Im August 44 befand sich B. H. unter einer Personengruppe, die zur Vergasung eingeteilt war. ... Gleichzeitig wird ausgesprochen, dass Berta Horiner den 31. Aug. 1944 nicht überlebt hat." Sie wurde zusammen mit ihrer jüngeren Schwester vergast.

Inzwischen habe ich von ihrem Cousin erfahren, daß Bertha, meine Mutter, Ärztin gewesen ist. Doch als Jüdin durfte sie ihren Beruf nicht ausüben.

Papa ist 1942 zu einer Strafkompanie eingezogen worden. Er konnte ihr nicht mehr helfen.

Als ich den Computerausdruck in der Hand hielt, war ich wie erfroren, es würgte mich. Ich nahm das Stück Papier, das so ohne Gefühl war, bloß weiß und grau. Den ganzen Tag ging ich wie durch einen Nebel. Ich ging in mein Quartier, ohne Gedanken, bleischwer. Nachts träumte ich, oder war es Tag? Ich fiel von einem hohen Felsen, vielmehr halb rutschte ich nackt die steile Felswand hinunter, lang und lang. – Dann lag ich auf einem Felsen – jeder Knochen schmerzte, obwohl ich nicht verletzt war. – Es war so kalt. – Der Wind blies und heulte. – Es lag nur mein Körper da, mein Bewußtsein war oben am Plateau, und ich sah mich frierend und nackt da liegen. – Mit größter Mühe stand ich auf und wußte, ich mußte da hinauf. – Ich versuchte zu schreien – es ging nicht – aber ich bekam Kraft – und mit jedem Stückchen Felsen wurde es leichter. – Das letzte Stück wurde ich wie geschoben – und ich war auch nicht mehr nackt. Nach diesem Traum konnte ich weinen, richtig weinen, alle Schleusen waren geöffnet, und es tat gut.

Die Landesgrenzen sind nun offen, zumindest nach außen gesehen. Die Europäische Union ist ein Beginn. Unsere Grenzen sind geöffnet. – Wie sieht es

mit unseren inneren Grenzen aus? Jesus hat uns ge-
lehrt, daß wir alle Brüder und Schwestern sind. Er hat
uns den Weg der Liebe gezeigt:

„Liebe deinen Nächsten wie dich selbst!"

Mein Papa Josef Schleich

Meine „Mutti" Mathilde Schiefer

Meine leibliche Mutter
Bertha Horiner

Winter 1941, Mutti und ich.

Mutti und ich im Wohnzimmer in der Wohnung am
Glockenspielplatz.

Herbst 1940, Papa, Bertha, meine Schwester und
Mutti in Abbazia.

159

Die steirisch-slowenische Landesgrenze. Blick nach Slowenien.

Blick nach Leutschach-Schloßberg.

ISRAELITISCHE KULTUSGEMEINDE GRAZ
AUSWANDERUNGS-STELLE

Betrifft:

GRAZ, am 4.4.1939
Grieskai 58

Z e u g n i s

Die Isaelitische Kultusgemeinde , Graz, dankt im Namen
aller Kursteilnehmer, Herrn Josef S c h l e i c h Graz ,
Glockenspielplatz 7 für seine unermüdliche Tätigkeit in
der Umschulung von rassisch verfolgten Glaubensgenossen,
in der Zeit vom 1. August 1938 bis Ende März 1939 in
Landwirtschaft und Geflügelzucht. Er hat für unsere
Glaubensgenossen als Lehrer und Mensch sein möglichstes
geleistet. Unter anderem vielen unserer Glaubensgenossen
unentgeltliche Hilfe und materielle Unterstützung angedeihen lassen.
Er wurde von Seiten der NSDAP auf das schwerste angefeindet und hatte viele Widerwärtigkeiten zu ertragen.
Wir danken ihn nochmals und werden ihn stets ein freundliches Andenken bewahren.

Israelitische Kultusgemeinde Graz
Auswanderungsstelle ,

*Zeugnis der Israelitischen Kultusgemeinde,
Graz 1939.*

161

Z e u g n i s.

Seitens des Verbandes der jüdischen Kriegsopfer,Invaliden,Witen
und Waisen in Wien 8., Daungasse 1a wird bestätigt,daß Herr
Josef S c h l e i c h in Graz Glockenspielplatz 7,durch längere
Zeit (mehr als ein Jahr) die von den Nazis verfolgten jüdischen
Kriegsbeschädigten,Frontkämpfer,Witwen und Kinder,welche nach
Intervention des Verbandes aus den Konzentrationslagern Dachau
und Buchenwalde herauskamen und binnen kurzer Zeit deutsches
Gebiet verlassen mußten,auf illegalem Wege in das Ausland (Italien
und Jugoslawien) in Sicherheit brachte.

Es wird ferner bestätigt,daß Herr Schleich zur vollsten Zufriedenheit des Verbandes arbeitete,daß er wiederholt solche Naziopfer schützte und sich ihrer vollkommen unentgeltlich annahm,
ja daß er oft unter Hintansetzung seiner eigenen Sicherheit und
Gewährung von Unterstützungen aus seiner Tasche diesen Opfern
Hilfe brachte.

Es ist dem Verbande auch bekannt,daß er wegen dieser Tätigkeit
wiederholt von der Gestapo in Wien und Graz verfolgt und eingekerkert wurde.

Ebenso ist es dem Verbande auch bekannt,daß Herr Schleich auch
mit der Kultusgemeinde Graz bei der Überstellung verfolgter Juden
in das sichere Ausland(mehrere große Schiffstransporte nach
palästina) zur vollsten Zufriedenheit der Kultusgemeinde mit
dieser zusammenarbeitete.

Die dem Verbande vorgelegten Zeugnisse der Kultusgemeinde Graz
bestätigen diese Angaben.

Unserer Meinung nach verdient Herr josef Schleich die vollste
Anerkennung aller Juden und rechtlich denkenden Menschen der
Welt.Er hat vielen Juden das Leben gerettet,wofür wir Ihm zu
großem Dank verpflichtet sind.

Wien den 24.2.1941

Der Präsident und Leiter

*Zeugnis des Verbandes der jüdischen Kriegsopfer,
Invaliden, Witwen und Waisen, Wien 1941.*

Wien, 8. Juli 1945.

2

AMTS-DIREKTION
DER
ISRAELITISCHEN KULTUSGEMEINDE
WIEN
I. SCHOTTENRING 25

B E S T A É T I G U N G

Es ist uns ein Vergnügen Herrn Josef S c h l e i c h
Graz Glockenspielplatz zu bescheinigen, dass er in der Zeit der
ärgsten Judenverfolgungen durch Hitler den bedrängten Menschen
unter vollen Einsatz seiner Person, hilfreich zur Seite gestanden
ist. Er half den Verfolgten die grüne Grenze zu überschreiten
und rettete hiedurch tausenden Menschen das Leben. Allerdings
verlangte er von den Begüterten die Bezahlung der Spesen von
RM 150.- bis RM 500.- pro Person wodurch er es ermöglichte auch
die Mittellosen zu retten.

Wie uns bekannt ist wurde Herr Schleich auch von der Gestapo wegen Judenschmugel verhaftet und musste eine längere
Freiheitsstrafe in Kauf nehmen.

*Bestätigung der Israelitischen Kultusgemeinde,
Wien 1945.*

Josef Schleich,
Graz 1.,
Glockenspielplatz 7.

Graz, 8. Oktober 1940.

An die

Geheime Staatspolizei Leitstelle Wien

W i e n 1.,

Betrifft: Judenauswanderung.

Seitens der Geheimen Staatspolizeileitstelle
Graz wurde mir die Bewilligung erteilt, Juden mit gültigen
Reisepass und Steuerunbedenklichkeitsbescheinigung raschest
aus dem Lande zu bringen. Ich habe mich bei der Leitstelle
Graz in 8 Punkten verpflichtet alle Vorschriften genauest
einzuhalten.
Ich ersuche daher die Geheime Staatspolizei
Leitstelle Wien mir ein Lokal zwecks Zusammenstellung von
legalen Transporten im Hause des Palästinaamtes zu bewilligen.
Ich verpflichte mich schon im Voraus genaue Aufstellungen der
zusammengestellten Transporte laufend zu übermitteln.

H e i l H i t l e r

Josef Schleich

Ansuchen Schleichs an die Gestapo Wien zur Bewilligung eines Organisationsbüros in Wien, 1940.

JÜDISCHE AUSWANDERER-STELLE
FÜR WÜRTTEMBERG UND HOHENZOLLERN

STUTTGART-N
GARTENSTRASSE 15ᴵᴵ
FERNSPRECHER 63734

Mx/W. DEN 28. Januar 1941

Herrn
Josef Schleich

Graz
Glockenspielplatz 7

Unser Zeichen: HF 1
bei allen Schreiben anzugeben.

Wir verdanken Ihre Anschrift einer hiesigen Behörde, Sie waren
uns bereits in einem Fall Silbermann, ~~einer~~ Frau Weininger und
in dem Fall Bottwin behilflich. Nunmehr liegt ein neuer sehr
dringlicher Fall Sigmund Furchheimer vor. Da Furchheimer nicht
in Stuttgart wohnt, wurde uns anheimgegeben direkt mit Ihnen
in Verbindung zu treten. Wir bitten um gefl. Mitteilung durch
Eilbrief,ob und wann Furchheimer zu Ihnen kommen kann. Furchheimer soll binnen 8 Tagen das Reichsgebiet verlassen haben.

Den erforderlichen Betrag stellen wir, wie in den 3 anderen
Fällen, zur Verfügung.

Für Ihre Bemühungen danken wir im voraus.

Jüdische Auswandererstelle
für Württemberg u. Hohenzollern

Alfred Marx Marx

RM 0.52 für
Rückporto.

Zuschriften sind nur an die Auswanderer-Stelle, nicht an einzelne Mitarbeiter zu richten.

*Anfrage der jüdischen Auswandererstelle in
Stuttgart an Schleich, 1941.*

165

Witten, d. 28. Nov. 1940. 25/7
Hauptstr. 63 II

Sehr geehrter Herr Schleich!

Durch meinen Schwiegersohn in Jugoslawien erhielt ich Ihre w. Adresse. Dessen Bru-, der befindet sich in Mauthausen, Oberdonau, und wartet mit Sehnsucht und Qual auf seine Ent-lassung. Deshalb bitte ich Sie ebenso herzlich, wie drin-gend, das möglichste zu tun, um dem armen jungen Mann zur schnellsten Freiheit zu verhelfen. Seine arme bedauernswerte Mutter, Witwe, ist der Verzweif-lung nahe, da sie auch außerdem schon über 3 Wochen ohne jede Nachricht von ihrem Sohn ist. Bitte teilen Sie mir umgehend Ihre Bedingungen mit, es muss geholfen werden! Zum voraus danke ich Ihnen schon für Ihre Bemühung recht herzlich, mit freundl. Gruss,

ergebenst

Hugo Lilienthal
Witten, Ruhr

Hauptstr. 63 II

Ein Freimaurer!

Privates Hilfsgesuch an Schleich,
1940.

166

H.Scharlinsky
Berlin NW 87
Klopstockstr. 30

33/ρ
Berlin, d.24.12.40

Sehr geehrter Herr Schleich!

Ihre Adresse habe ich von Verwandten
erhalten, die Anfang vorigen Monats durch Sie nach Jugo=
slawien gekommen sind. Da wir nun ev. auch die Absicht
haben nach dort auszuwandern, so wollte ich Sie hiermit
anfragen, ob eine weniger strapaziöse Gelegenheit zum
Grenzübertitt nach Jugoslawien vorhanden ist, wobei ich
bemerken möchte, dass die finanzielle Seite nicht das
Entscheidende ist, d.h. das eventuelle Mehrkosten kein
Hindernisgrund sein würden. Wir sind vier Personen und
zwar eine 76jährige, sehr rüstige Dame, eine 56 jährige
nicht gesunde Dame, meine 48jährige Mutter und ich. Le=
diglich ich könnte Strapazen aushalten, da wir vier aber
zusammen fahren wollen, könnte eine getrennte Wanderung
nicht in Frage kommen.-

Ich wäre Ihnen nun sehr verbunden,
wenn Sie mir umgehend mitteilen würden, ob ein derartiger
Grenzübertritt möglich wäre und zu welchem ungefähren Prei=
se, ausserdem wie es dann mit der Gepäckmitnahme bestellt
ist. - Ihre baldige Antwort erwartend, zeichne ich

1 Freicouvert

hochachtungsvoll!

*Private Anfrage an Schleich,
Berlin 1940.*

167

Dr. Rudolf Israel Pick

Berlin W 35, Ludendorffstr. 83
7. Februar 1941
Tel: 21 3395

Durch Flugpost

Eilboten

Sehr geehrter Herr Schleich,

Sie haben Anfang Dezember Herrn James P u n d y k und
Herrn Chaim J a s a n aus Berlin abgefertigt. Beide sind
in Z. gut untergekommen und haben mitgeteilt, dass sie
wahrscheinlich Zertifikate für die Weiterwanderung nach
Palästina erhalten werden. Diese Zertifikate würden es
ihnen ermöglichen, auch ihre Familie mitzunehmen.

Frau Jasan und Frau Pundyk wollen mit zusammen 3 Kindern
den gleichen Weg einschlagen und bitten mich, bei Ihnen
festzustellen, ob dies in etwa 14 Tagen der Fall sein könnte.
Frau Jasan ist 50 Jahre alt.
Hanna Jasan 11 Jahre
Sammi Jasan 9 Jahre
Frau Pundyk 27 Jahre
Denni Pundyk 1 1/2 Jahre

Es würde sich demnach um 2 Erwachsene und 3 Kinder handeln.

Die Schwierigkeit liegt darin, dass der kleine Pundyk natürlich in besonderer Weise versorgt sein muss, d. h. also, dass
für den Transport des Kleinen gewisse Massnahmen getroffen
werden müssen, die voraussichtlich erhöhte Beträge erfordern,

Ein Betrag von RM 2400.- steht für die Angelegenheit zur Verfügung. Er könnte um eine Kleinigkeit erhöht werden, wenn der
Transport des Säuglings besondere Umstände macht.

Ich bitte Sie, mir mitzuteilen, ob bei der gegenwärtigen Lage
damit gerechnet werden kann, dass die Familie ohne langen
Aufenthalt in etwa 14 Tagen abgewickelt werden kann und welche
Beträge insgesamt als Anzahlung und als Sicherheit zu über-
weusen sind. Wohin soll die Anzahlung erfolgen?

Ich hoffe, sehr geehrter Herr Schleich, dass inzwischen
die Schwierigkeit vom 4. Februar beseitigt ist, und dass
auch Adler, und die beiden Buchsbaum - Frauen auf den
Weg gebracht worden sind.

Wir haben an sich eine Gruppe von 25 Kindern wieder fertig
und sind brennend daran interessiert, zu wissen, ob ange-
sichts des Ansturms aus Wien unsere Angelegenheit weiter
durchgeführt werden kann.

Mit besten Grüssen Ihnen und Ihrer Gattin

*Anfrage an Schleich aus Berlin,
1941.*

168

Josef Schleich
G r a z .
Glockenspielplatz 7

Graz 14.Jänner 1941

An die
H i c e m ,
Zagreb.
POB 5o4

Betr: In Graz zurückgebliebenes Auswanderergepäck.

     In der Anlage übersende ich Ihnen zwei Listen über hier zurückgebliebenes Gepäck und teile Ihnen hiezu mit, dass es meinen Bemühungen gelungen ist, dieses endlich freizubekommen- Das Gepäck ist an die Speditionsfirma A c h t e r , Wien 2.Bez. Grosse Mohrengasse 8 abgegangen und wird von dieser Fa. bis auf einige wenige Gepäckstücke, welche den Angehörigen übergeben werden sollen, in den nächsten Tagen an Sie expediert werden.

     Ich bitte Sie dies allen Interessenten zur Kenntnis zu bringen und zeichne

               hochachtungsvoll

               Josef Schleich

2 Beilagen.

*Brief Schleichs an die Hicem in Zagreb,
1941.*

A u s w a n d e r u n g s - L i s t e .

Austritt: Eibiswald-Leutschach.

Zollamt : Leutschach- eiligengeist.

1.)Scherer Ruth,8.5.23. Düsseldorf,Kersdorf-Brisen.   F.P.683138
2.)Perilmann Markus,10.3.89. Berlin. Berlin. Kastanien Alle 58 F.P. 222/4
3.)Teitelbaum Chaja 16.6.98. Kroscienka, Berlin,Lothunstrasse2J F.P.T.99/3
4.)Popper Siegfried,23.6.05. Kalusz. Kassel,Landwerk-Neuendorf. F.P.82/39
5.)Waysmann Laib Hirsch,1.1.03. Olkusch. Hamburg.Altona.Sonnestrasse16.F.P
6.)Gerechter Georg. 4.9.97. Bomst. Berlin,Weberstrasse 46. D.P.2/2633/39
7.)David Käthe   2.6.89. Breslau. Breslau,Viktoriastrasse55D.P.222/39
8.)Heppner Ismar 19.1.88. Breslau. Breslau,Schwerinstrasse58D.P.H.748/39
9.) "   "   Else 6.6.92.   "   "   "   "D.P.H.747/39
10.)Rauchberger Werner,28.10.03. ".   " ,Freiburgerstrasse42.D.P.R.215/
11.) "   "   Erika ,29.7. 10. ".   "   "   "   "   " 215/
12.)Reis Ludwig,   14. 7.83.Gelsenhausen,Frankfurt a.M.Gärtnerweg 9D.P
13.)Warhaftig Isaak, 2.3.88.Leznysk. Berlin,Saarbrückerstrasse16.F.P.W.214
14.) "   "   Baila 12.3.85. Pruchnick.Berlin, "   "   "   " 215/40
15.)Lichtenstein Julius, 8.6.93.Marköbel, Antwerpen,KleineHochstr.8.D.P.10
16.)   "   "   Henriette,23.6.02.Frankfurt.Frankfurt, "   " D.P.1086
17.)   "   "   Herbert, 14.6. 26.   "   "   1"   "   D.P.
18.)   "   "   Ruth, 16.10.35.   "   "   "   "   "   "
19.)   "   "   Artur, 25.10.36.   "   "   "   "   "   "
20.)Schatzmann Siegfried,2.3.99.   " "Friedbergerstr.D.P.9205/39
21.)Kahn Jakob, 9.5.87.Flörsheim a.M. Mainz,Taumusstr.45.D.P.101/40
22.)Twiaschor Pinkas, 1.12.83. Kolomea, Berlin, Bleibiustr.10.F.P.T.58/39
23.)Aron Gustav, 6.1.87. Luckow.P. Berlin, Brentäkestr.17. F.P.
24.)Baer Max. 26.8. 74. Berlin . Berlin.Nürnbergerstr.16.D.P. 2,/2028/40Z
25.) " Else,15.1.87.   "   "   "   "   131R554/39
26.)Issler Menni.5.2.25. Gelsenkirchen. Hamburg, F.P.Z.S4/40von der Reher
27.)Gottheimer Simon,29.5.03. Kempen. Berlin,Kaiblstrasse 44.F.P.101/40
28.)Speier Erna,9.2.06.Vlotho, Bielefeld. Schloßhofstrasse73.D.P.S.2/41
29.)Koch Sabiene,14.2.17. Krabisch. Chemnitz,Rudolfstrasse 21.F.P.58/40
30.)Fleischer Ernst. 4.8.81. Brüx. Berlin,Lutherstrasse55. F.P.F.26/40
31.)Jelen Josephovitsch,14.9.89. Kaschau. Wien,Novaragasse 49.D.P.192177
32.)Perlhefter Josef, 22.1.96. Wien. Wien,15.Meiselstrasse 15.D.P.191750
33.)Wolkenheim Samuel, 4.11. 92. Wilits. Berlin,Flensburgerstrasse8.D.P.NW
34. *Kochrin   Aug.17   5. 10. 76   Lomberg Stuttgart*   *F.R.388*

G r a z . 19. Feber, 1941

Josef Schleich

Josef Schleich.

Von Schleich zusammengestellte Auswanderungs-liste, 1941.

Postkarten, die die geglückte Ankunft in Agram/Zagreb (den gelungenen Transport) bestätigen.

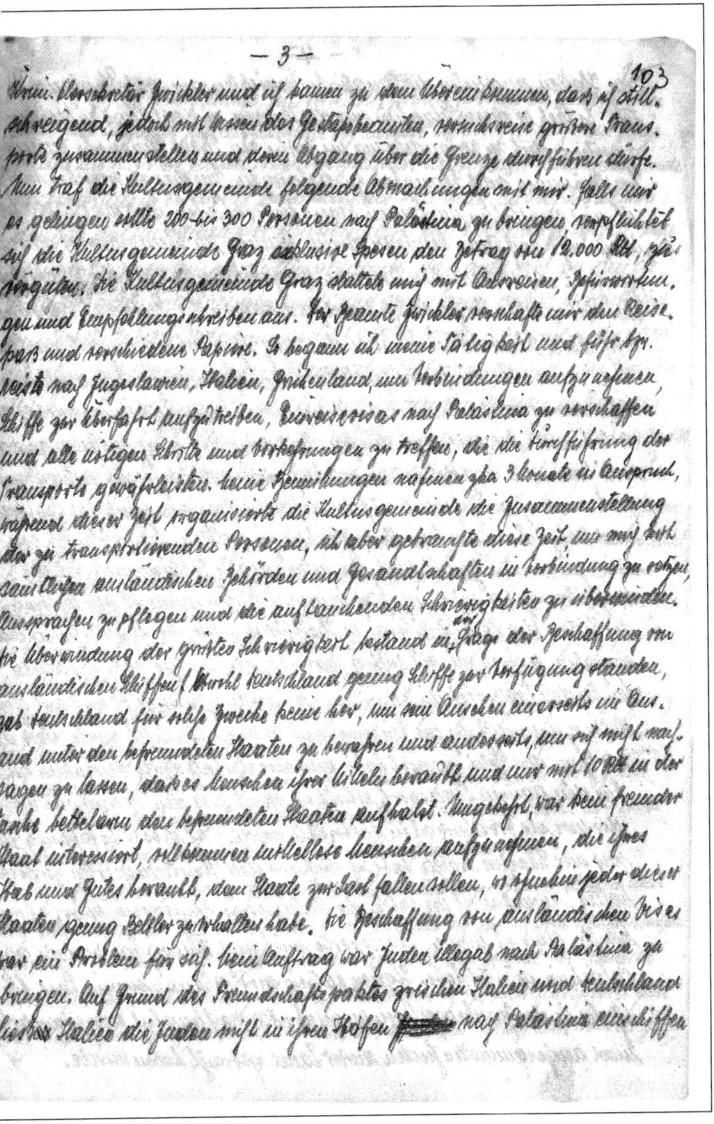
— 3 —

103

Krim. Obersekretär Zwickler und ich kamen zu dem Übereinkommen, daß ich still-schweigend, jedoch mit Wissen der Gestapobeamten, vermehrweise größere Trans-porte zusammenstellen und deren Abgang über die Grenze durchführen dürfe. Nun traf die Kultusgemeinde folgende Abmachungen mit mir. Falls mir es gelingen sollte 200 bis 300 Personen nach Palästina zu bringen, verpflichtet sich die Kultusgemeinde Graz exklusive Spesen den Betrag von 10.000 RM, zu vergüten. Die Kultusgemeinde Graz stattete mich mit Ausweisen, Befürwortun-gen und Empfehlungsschreiben aus. Der Beamte Zwickler verschaffte mir den Reise-paß und verschiedene Papiere. So begann ich meine Tätigkeit und fuhr bzw. reiste nach Jugoslawien, Italien, Griechenland, um Verbindungen aufzunehmen, Schiffe zur Überfahrt aufzutreiben, Einreisevisas nach Palästina zu verschaffen und alle übrigen Schritte und Vorkehrungen zu treffen, die die Durchführung der Transporte gewährleisten. Meine Bemühungen nahmen etwa 3 Monate in Anspruch, während dieser Zeit organisierte die Kultusgemeinde die Zusammenstellung der zu transportierenden Personen, ich aber gebrauchte diese Zeit, um mich mit sämtlichen ausländischen Behörden und Gesandtschaften in Verbindung zu setzen, Aussprachen zu pflegen und die auftauchenden Schwierigkeiten zu überwinden. Die Überwindung der größten Schwierigkeit bestand in der Frage der Beschaffung von ausländischen Schiffen. Obwohl Deutschland genug Schiffe zur Verfügung standen, gab Deutschland für solche Zwecke keine her, um sein Ansehen einerseits im Aus-land unter den befreundeten Staaten zu bewahren und andererseits, um sich nicht nach-sagen zu lassen, daß es Menschen ihrer Mittel beraubt und nur mit 10 RM in der Tasche bettelarm den befreundeten Staaten aufhalst. Umgekehrt, war kein fremder Staat interessiert, vollkommen mittellose Menschen aufzunehmen, die ihres Hab und Gutes beraubt, dem Staate zur Last fallen sollen, es schien jeder dieser Staaten genug Bettler zu erhalten habe. Die Beschaffung von ausländischen Visas war ein Problem für sich. Mein Auftrag war Juden illegal nach Palästina zu bringen. Auf Grund des Freundschaftspaktes zwischen Italien und Deutschland ließ Italien die Juden nicht in ihren Häfen [illegible] nach Palästina einschiffen

erfaßt während seiner Haft im Landesgericht Graz, 1948

Die Zugangsmöglichkeiten zur Vergangenheit sind vielfältig und trotzdem eingeschränkt. Die ganze Wahrheit anzustreben oder zu suchen ist fruchtlos, weil unmöglich. Was immer wir tun, um die tote Vergangenheit zur lebendigen Geschichte zu machen, ist letztlich dazu bestimmt, ein mehr oder minder gut gelungener Annäherungsversuch zu bleiben, ein Ausschnitt aus der hinter uns liegenden Wirklichkeit. Das sollte jeder Historiker in Bescheidenheit und der Leser mit Verständnis bedenken.

Ist es schon schwierig, historischen Ereignissen auf den Grund zu gehen, so versagen selbst die besten historischen Instrumentarien, wenn es um eine gerechte Bewertung oder Würdigung von Personen geht. Aber gerade die sogenannten „historischen Persönlichkeiten" sind es, die zumindest offensichtlich und mitunter spektakulär den Ablauf der Geschichte bewegen, antreiben oder bremsen. Manche dieser Personen, die einem Segment der Geschichte ihre Abdrücke angefügt haben, sind von ihren Zeitgenossen kaum, nur am Rande oder von relativ wenigen wahrgenommen worden, obwohl sie die Wege vieler beeinflußt haben. Die Wirkungsgeschichte dieser Frauen oder Männer ist nicht immer deutlich bewertbar und abgrenzbar. Zu diesen Personen zähle ich jenen Josef Schleich, der Tausenden von Juden während der ersten Jahre der nationalsozialistischen Gewaltherrschaft in Österreich die Flucht ins Ausland ermöglicht, vermittelt oder verkauft hat. Er tat dies vor allem in den Jahren 1938 bis 1941 weitgehend mit Wissen und Duldung nationalsozialistischer Funktionäre. Die Akten über seinen Prozeß vor dem Volksgericht nach Kriegsende dokumentieren ihn als Judenschlepper bzw. Fluchthelfer und bilden die Grundlage für eine in Vorbereitung befindliche wissenschaftliche Publikation.

Hannelore Fröhlich ist die Tochter dieses Josef Schleich; in ihrem Buch versucht sie anhand persönlicher Erinnerungen, Erzählungen und Recherchen in einer Mischung von reflektierender Memoria, persönlichen Empfindungen und Archivdokumenten der Person ihres Vaters Gestalt zu verleihen und für sich selbst einen einschneidenden Teil ihres Lebens zu erfassen. Die Grenzen zwischen Erinnerung, Reflexionen und nachweisbaren Fakten sind deutlich gezogen, was ich als Archivar und Historiker in Kenntnis der noch vorhandenen Dokumente konstatiere und zugleich als legitimes Stilmittel anerkenne. Josef Schleich und seine Tätigkeit als Judenschlepper oder Fluchthelfer – je nach Gewichtung – ist eine anhand von Archivdokumenten und oral history faßbare Persönlichkeit, deren Portrait durch das Buch seiner Tochter Hannelore um wichtige Pinselstriche ergänzt wird.

Hofrat Univ.-Doz. Dr. Walter Brunner
Direktor des Steiermärkischen Landesarchivs

Anmerkungen

[1] Vgl. Bastian, Till, Auschwitz und die „Auschwitz-Lüge". Massen-mord und Geschichtsfälschung. Beck'sche Reihe. C. H. Beck'sche Verlagsbuchhandlung, München 1994. 5., erw. u. akt. Auflage 1997. Seite 9.
[2] Vgl. Ebda, Seite 12.
[3] Vgl. Ebda, Seite 15 f.
[4] Vgl. Ebda, Seite 24.

Die Protokolle, Niederschriften und Briefe wurden in der Original-orthographie übernommen.